STRUCTURAL
TRANSFORMATION,
SERVICE
DEVELOPMENT
AND
ECONOMIC
GROWTH

结构转型
服务业发展与
经济增长

陈青祝◎著

本书得到江西省社会科学"十四五"规划项目青年项目（22JL11）和
江西省教育厅科技项目青年项目（GJJ210544）的资助。
感谢江西财经大学"数字经济与产业发展"学科创新团队的支持。

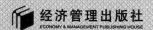

经济管理出版社
ECONOMY & MANAGEMENT PUBLISHING HOUSE

图书在版编目（CIP）数据

结构转型、服务业发展与经济增长/陈青祝著．—北京：经济管理出版社，2023.4
ISBN 978-7-5096-9003-1

Ⅰ.①结…　Ⅱ.①陈…　Ⅲ.①服务业—经济发展—研究—中国　Ⅳ.①F726.9

中国国家版本馆 CIP 数据核字（2023）第 075352 号

组稿编辑：李红贤
责任编辑：李红贤
责任印制：许　艳
责任校对：胡莹莹

出版发行：经济管理出版社
　　　　　（北京市海淀区北蜂窝 8 号中雅大厦 A 座 11 层　100038）
网　　址：www.E-mp.com.cn
电　　话：（010）51915602
印　　刷：唐山昊达印刷有限公司
经　　销：新华书店
开　　本：720mm×1000mm/16
印　　张：11.25
字　　数：179 千字
版　　次：2023 年 5 月第 1 版　2023 年 5 月第 1 次印刷
书　　号：ISBN 978-7-5096-9003-1
定　　价：78.00 元

前　言

纵观世界经济的发展历程，服务业持续扩张，产业结构随着经济的发展不断变化，一些发达国家的服务业就业份额甚至高达 70% 以上。随着产业结构不断转型，中国正步入服务经济时代，服务业已成为我国经济第一大产业和经济增长的主要动力。推动服务业发展、加快经济结构优化升级，对整体经济高质量增长至关重要。党的二十大报告指出，要构建优质高效的服务业新体系，推动现代服务业同先进制造业、现代农业深度融合。

然而，学者们对服务业的扩张能否促进经济增长持不同的观点，其中需重点关注的一点是服务业"成本病"问题。服务业"成本病"的概念源自 Baumol（1967）的研究，主要是指：随着服务业就业份额和产出份额的增加，由于服务业的生产率增长率低于制造业的生产率增长率，服务业的相对生产成本会上升，其扩张将拉低总体经济的生产率增长率，对经济增长产生负面影响。基于此，本书主要采用多部门一般均衡增长模型，结合中国改革开放以来的分产业数据，分析产业结构转型背景下服务业发展对中国经济增长的影响，从产业结构转型原因、投资结构和服务业内部结构的角度讨论服务业发展的动力，并量化分析各因素对经济增长的影响。研究发现，中国服务业的劳动生产率增长率较低，服务业扩张会使总体劳动生产率增长率下降。在新时代发展背景下，提高服务业生产率和加快经济结构优化升级对整体经济高质量增长的影响尤其重要。

服务业"成本病"是现阶段中国产业结构转型过程中出现的新情况，也可能是未来随着服务业扩张不可避免出现的问题。从理论上讲，对服务业"成本病"产生原因、发展特征和变化过程的研究，能帮助人们把握其概念本质。从现实角度来看，这一研究有助于认识中国服务业发展的现状、存在的问题，并提出相应的对策。目前，服务业"成本病"的相关研究多基于发达国家的经验进行，对发展中国家的研究相对较少。但是，当服务业发展到一定程度，且扩张的服务业在相对价格、生产率增长率及需求弹性等方面满足一定条件时，发展中国家极有可能受到服务业"成本病"的困扰。本书主要讨论了中国的服务业"成本病"问题，丰富了服务业"成本病"的研究对象，具有较强的理论和现实意义。

服务业发展是中国现阶段结构转型的特点，也是中国未来结构转型的大趋势。如果对服务业"成本病"问题没有正确的认识，而是一味地强调促进服务业发展，可能会出现服务业发展了但最终却没能促进经济增长的结果。如果服务业的发展会阻碍经济增长，则其发展的方向和方式值得讨论；及早发现中国产业结构转型中存在的问题并明确促进结构优化的策略，是实现结构升级的必要前提和促进经济增长的有力保障。本书从结构转型的视角分析中国的服务业"成本病"问题，讨论服务业发展与经济增长的关系，并尝试提出减弱服务业"成本病"的政策建议。

目 录

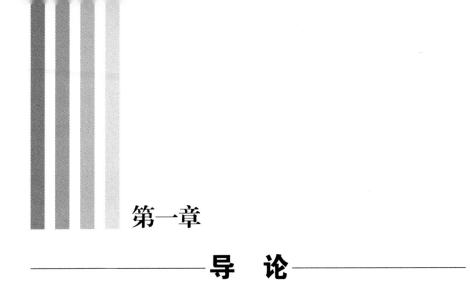

第一章

导　论

一、研究背景及意义

（一）研究背景

改革开放以来，中国经济持续高速增长；中国经济的发展，不仅提高了中国人民的生活水平，更深深影响着世界经济的发展。世界贸易组织公布的数据显示，2021 年中国进出口贸易总量排名世界第一位，为全球经济的增长做出了巨大贡献。国家统计局发布的《党的十八大以来经济社会发展成就系列报告之十三》显示，2013~2021 年，中国国内生产总值增量对世界经济增长的平均贡献率达 38.6%，超过 G7 国家贡献率的总和，是推动世界经济增长的第一动力。2022 年，党的二十大报告提出，高质量发展是全面建设社会主义现代化国家的首要任务，要构建高水平社会主义市场经济体制，建设现代化产业体系，构建优质高效的服务业新体系。

纵观世界经济的发展历程，产业结构随着经济的发展不断变化。改革开放以来，中国的产业结构发生了巨大变化，由一个农业大国成功发展为世界制造业强国，并逐渐跨入服务经济时代。优化产业结构有利于实现资源的更优配置、提高生产效率，是促进经济增长的重要方法，也是实现经济高质量发展的必要途径。随着经济的发展和人均收入的提高，服务业在总体经济中的地位越来越重要，人们对服务业的认识也越来越全面。然而，学者们对服务业的扩张能否促进经济增长持不同的观点，其中需重点关注的一点是服务业"成本病"问题。本书主要从结构转型的角度研究中国的服务业发展及其对经济增长的影响，研究背景主要有以下几点：

1. 来自开放型世界的机遇与挑战

随着科技的进步、生产力的提升、互联网的应用与跨国公司的发展，经济全球化进一步发展。随着多个高标准的自由贸易协定的达成，国际贸易投资规则不断往更自由、公平和透明的方向发展。但与此同时，全球贸易保护主义抬头，国际关系愈加复杂。受困于国际金融危机的深层次影响，世界经济增长依旧乏力；英国脱欧、中美贸易战愈演愈烈，来自开放型世界的不稳定因素增多。突如其来的新型冠状病毒感染（以下简称新冠）更是严重影响经济全球化进程，跨国市场动荡加剧。一系列突发事件的发生深度影响着世界经济，未来发展的不确定性加剧，中国面临更大的风险和挑战。

在复杂的国际环境下，中国也面临着巨大的发展机遇。2021 年，中国货物贸易量居世界第一位、服务贸易额居第二位、对外投资额居第三位，中国在国际贸易中具有举足轻重的影响力。为了进一步加强与世界经济的联系，中国提出了一系列重要举措，如加入《区域全面经济伙伴关系协定》（Regional Comprehensive Economic Partnership，RCEP）、设立自由贸易试验区及提出"一带一路"倡议等。RCEP 作为成员国间相互开放市场、实施区域经济一体化的国际组织，所涵盖区域为世界最大的自由贸易试验区。2013～2022 年，中国陆续设立了 21 个自由贸易试验区和海南自由贸易港，为扩大对外开放提供新枢纽。此外，中国提出的"一带一路"倡议得到了众多国家的积极响应，截至 2023 年 1 月 6 日中国已同 151 个国家和 32 个国际组织签署了 200 余份共建"一带一路"合作文件①，加强了中国与沿线各国的经济联系，也促进了更深入的政治互信和更广泛的人文交流②。

当前，中国乃至世界正经历着百年未有之大变局，挑战与机遇并存。新冠的冲击使国际贸易额大幅萎缩，我国的产业发展布局需要适时调整。在此情形下，党中央提出"深化供给侧结构性改革，充分发挥我国超大规模市场优势和内需潜力，构建国内国际双循环相互促进的新发展格局"。这一重大战略部署是中国保持在激流中勇进的重要方式，更是抓住机遇重塑国际竞争力的战略抉择。要通过深化供给侧结构性改革、优化资源配置、提高全要素生产率和建设现代经济体系等方式，不断畅通国内经济循环③。发展服务业是培养和扩大内需的重点，也是促进国内大循环的关键。本书的分析将关注中国服务业发

---

① 中国一带一路网：《已同中国签订共建"一带一路"合作文件的国家一览》，2022-08-15，https：//www.yidaiyilu.gov.cn/xwzx/roll/77298.htm。

② Chohan U. W. "What is One Belt One Road? A Surplus Recycling Mechanism Approach"，Social Science Research Network，2017.

③ 《构建新发展格局　把握新机遇——访清华大学公共管理学院院长江小涓》，2020-09-20，http：//www.gov.cn/xinwen/2020-09/22/content_ 5545966.htm。

展与经济增长间的关系。

2. 中国经济增长迈入新阶段

《中国统计年鉴》数据显示，1978～2010 年中国国内生产总值的平均增长率高达 10.02%。在经历了三十多年的高速发展后，中国经济增速开始放缓，逐渐进入经济发展的"新常态"。基于此，国际上有一种悲观论，认为中国经济即将驶入慢车道，甚至有可能走向危机。Krugman（1994）和 Young（2003）认为，中国经济增长主要依靠的是大规模的资本积累和密集的劳动力投入，缺乏知识进步和技术创新，具有粗放性和不可持续性[①]。基于对中国人口转变和经济增长的分析，蔡昉（2010，2017）认为中国人口红利式微，刘易斯拐点已经出现，经济增长需要借助提高劳动生产率来驱动。客观上说，中国经济发展中确实存在一定问题；随着投资增速下降和人口红利消减，经济增长动力日渐乏力。但我们应该保持乐观态度，寻找新的经济增长点，迎难而上解决问题。

2017 年，党的十九大报告指出："我国社会主要矛盾已经转化为人民日益增长的美好生活需要和不平衡不充分的发展之间的矛盾。"随着我国经济的增长，人民需要的层次已经从满足温饱转变到了追求更好的教育、更优的医疗服务及更丰富的精神文化生活。在我国人民需要的层次大大提升的同时，产业发展不充分及生产力在产业间布局不平衡等导致供给不足，出现需求与供给失衡等问题。生产力在产业间的布局不仅影响产业的平衡发展，也影响中国总体经济的持续增长。中国经济已进入以服务业为主的时代，未来经济发展的挑战很大一部分将来自服务业。了解中国服务业的发展特点、厘清服务业发展存在的问题、提高服务业生产效率是满足人民对美好生活的需要和促进中国经济高质量发展的重要功课。

（二）提出问题

合理发展服务业是推动总体经济高质量发展的关键。虽然中国的服务业

---

① Krugman 认为过去几十年中东亚新兴工业国家经济的高速增长主要来源于大量的资本和劳动力投入，而不是依靠全要素生产率的提高，因此不能带来经济的持续增长，并不存在"东亚经济奇迹"。这一观点也被称为"克鲁格曼质疑"。

在不断扩张，但是与工业相比服务业发展中还存在一些问题。从生产效率角度来看，工业的劳动生产率增长率比较高，服务业的劳动生产率增长率相对较低；三次产业间的发展不平衡问题较为严重。生产率增长率较低的服务业就业份额的扩张易拉低总体生产率增长率的水平，使总体经济增速放缓，导致出现服务业"成本病"问题。中国产业结构调整和升级的空间依然很大，发现产业结构转型中存在的问题是优化结构的基本前提。

1. 中国产业结构亟须优化

随着经济的增长，一国的产业结构也不断变化。世界大部分国家的结构转型都呈现出阶段性特征：第一阶段，由农业部门向非农业部门转移；第二阶段，由非农业部门内部的制造业向服务业转移（Kuznets，1973；Herrendorf et al.，2014）。但是，不同国家的农业现代化、工业化完成及服务业发展的时间点不同，结构转型速度的快慢也不相同，这将对经济发展产生巨大的影响。中国的结构转型大体上满足上述两阶段特征，图 1-1 展示了 1978~2019 年中国三次产业的就业份额和增加值份额的演变。

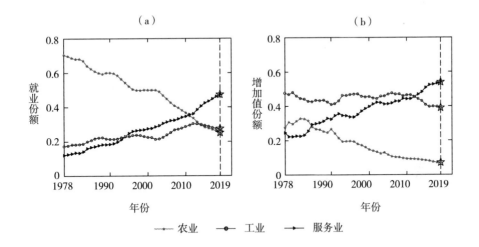

图 1-1 中国三次产业的就业份额和增加值份额

注：数据来源于历年《中国统计年鉴》，图中 2019 年的结构组成用含五角星的虚线标识，便于与图 1-2 中的三个国家进行对比分析。

图 1-1（a）显示，1978~2019 年，中国农业就业份额由 70.5% 下降为

25.1%，降幅巨大。1978～2012 年，工业就业份额由 17.3% 增加到了30.3%，2012 年之后工业就业份额开始出现下降趋势。服务业就业份额稳步上升，1978 年为 12.8%，2011 年超过农业成为吸纳社会就业的主要产业；2019 年，服务业吸纳了中国全社会就业人数的 47.4%。图 1-1（b）显示，中国三次产业增加值份额的变化与就业份额有类似的特点，但在份额的绝对值上有不同的分布。1978～2019 年，中国农业增加值份额不断下降，由27.7% 下降为 7.1%；服务业增加值份额则由 24.6% 增加为 53.9%。1978～2011 年，工业一直是中国增加值份额最高的产业；2012 年，工业增加值份额开始出现下降趋势，并被服务业赶超。服务业已成为中国三次产业中最大的组成部分，成为新的经济增长极，中国快速迈向服务经济时代。

中国的产业结构与发达国家相比存在较大的差异。2019 年，美国的农业就业份额约为 1%，中国的为 25.1%，中国农业仍吸纳了较多的劳动力。可结合图 1-1 和图 1-2 对比分析中国与韩国、日本和美国的产业结构。

图 1-2（a）和（b）分别展示了 1963～2010 年韩国三次产业的就业份额和增加值份额的数据；对比发现，中国 2019 年的就业份额与韩国 1985 年的比较接近，增加值份额则与韩国 2000 年的接近。图 1-2（c）和（d）分别展示了 1953～2010 年日本三次产业的就业份额和增加值份额的数据，中国2019 年的就业份额与日本 1965 年的比较接近，增加值份额与日本 1974 年的接近。图 1-2（e）显示，中国 2019 年的三次产业就业份额与美国 1930 年的比较接近；由于美国 1947 年之前的各产业增加值数据缺失，图中只展示了美国的就业份额数据。

从韩国、日本和美国三个国家与中国就业份额相似的年份来看，这三个发达国家在对应年份之后农业就业份额保持下降，服务业就业份额保持上升。可以预测 2019 年之后中国的农业就业份额会继续下降，服务业就业份额会继续上升。值得关注的是，1985 年之后韩国的工业就业份额与 1930 年之后美国的工业就业份额呈先上升后下降的趋势，而 1965 年之后日本的工业就业份额呈先持续平稳后缓慢下降的状态；中国的工业就业份额在 2012年开始出现下降趋势，并在之后年份持续处于下降的压力中。

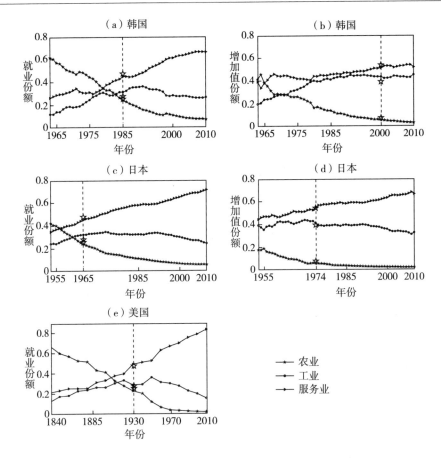

图1-2 韩国、日本和美国三次产业的就业份额和增加值份额

注：数据主要来源于 GGDC 10 部门数据库。其中，美国 1840~1950 年的就业份额数据来源于 Johnston（2012）。

从图1-2可发现，韩国、日本和美国三个发达国家的工业就业份额均显示出了较明显的"驼峰状"特征。韩国工业就业份额的"驼峰状"顶点（工业就业份额的最高值）出现在1991年，为36%；日本工业就业份额的"驼峰状"顶点出现在1991年，为33%；美国工业就业份额的"驼峰状"顶点出现在1950年，为36%。不同的是，中国的工业化发展进程较慢，工业就业份额的"驼峰状"顶点出现得也较晚。2012年左右，中国工业就业份额达到30.3%后呈下降趋势，峰值有可能已经出现。如果2012年是中国工业就业份额的"驼峰状"顶点，可推知中国这一顶点处工业就业份额的绝对值会比韩国、日本与美国的更低；2012 年作为中国工业发展的转折点可能来得偏早，工业发展可能存在不够"深度化"的问题。在此情况下，中国服务业扩张的工业基础与韩国、日本和美国相比可能略微不足，易加重中国的服务业"成本病"。

总体而言，韩国、日本和美国的结构转型符合上文阐述的结构转型阶段性特征，但是它们的结构演变进程比中国更快一些。与韩国、日本和美国相比，中国的产业结构还有很大的发展空间，但中国产业结构的调整也不能完全按照它们的路径来，应结合我国发展的实际和特点进行。

2. 中国出现服务业"成本病"

近年来，中国服务业不断扩张，逐渐成为经济的主要组成部门。参考发达国家的经验与中国结构转型的特征，中国的服务业在未来将继续扩张。但有研究表明，服务业的扩张有可能会导致经济增长的停滞，如美国等发达国家经济发展中存在的服务业"成本病"问题（Baumol，1967）。由于服务产品具有不可储存性及与顾客的不可分离性等特征，服务业无法像工业一样进行批量化、标准化生产，这导致服务业的劳动生产率增长率更低，生产成本相对更高，成为经济中的停滞部门。工业的劳动生产率增长率相对更高，为进步部门。随着人均收入的提升，消费者对服务的需求逐渐增加；为满足人民日益增长的需求，服务业的就业份额和产出份额也要不断提高。因此，生产成本更高的服务业的扩张易降低总体经济增长速度，带来服务业"成本病"问题。

现有对服务业"成本病"的研究大多是基于发达国家的经验进行的。例如，美国服务业的就业份额在 1930 年约为 50%，到 2010 年已接近 84%。虽然中国服务业的规模一直在扩大，已成为经济发展的主动力，但与美国等发达国家相比，中国服务业的规模相对较小，仍存在较大的上升空间。以下基于服务业的相对价格及劳动生产率增长率等进行分析，讨论中国是否存在发达国家中普遍存在的服务业"成本病"问题。

图 1-3 展示了产品部门与服务部门的价格指数和劳动生产率增长率的分布情况，其中产品部门包括农业和工业。图 1-3（a）显示，将两部门 1978年的价格指数标准化为 1，则 2019 年产品部门的价格指数为 4.2，服务部门的价格指数高达 10.4；与产品部门相比，服务部门的价格指数增长更快。图

1-3（b）显示，1978～2019 年中国服务部门的劳动生产率增长率整体上低于产品部门的劳动生产率增长率。由图 1-1 可知，1978～2019 年中国服务业的就业份额和增加值份额在持续上升，服务业成为我国经济的主要组成部分。如果低生产率增长率的服务业继续扩张，将拉低总体经济的劳动生产率增长率，最终导致总体经济增速下降。结合中国服务业的就业份额、增加值份额、价格指数和劳动生产率增长率等情况可以初步判断，中国存在服务业"成本病"问题。

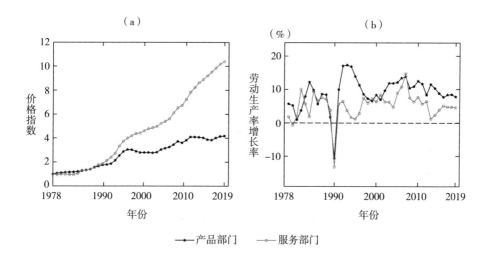

图 1-3　中国两部门的价格指数和劳动生产率增长率

注：图中数据基于《中国统计年鉴》计算得到。由于 1990 年及以后的就业人员数据与之前的统计口径不同，所以劳动生产率增长率的值在 1990 年出现了跳跃。

　　服务业作为我国经济发展的动力之一，如果由其扩张带来了服务业"成本病"问题，该如何应对？影响服务业发展的因素有什么？影响服务业"成本病"的因素又有什么？本书将逐个回答以上问题。更具体地，本书拟估算中国服务业"成本病"的大小，在 Baumol（1967）非平衡增长（Unbalanced Growth）模型的基础上，从采用不同的非位似偏好假设讨论结构转型的主要动力、考虑投资结构的变化、分析服务业内部细分行业结构变化等角度研究中国服务业发展与服务业"成本病"的影响因素，并预测它们未来的变化方向。

（三）研究意义

服务业"成本病"是现阶段中国结构转型过程中出现的新情况，也可能是未来随着服务业扩张而不可避免的问题。从理论上讲，对服务业"成本病"的研究有助于梳理其产生的原因、发展的特征和变化的过程，帮助人们把握其本质概念；从现实角度来看，这一研究有助于认识中国服务业发展及服务业"成本病"的现状、存在的问题，并提出相应的对策。本书结合相关理论与中国统计数据展开研究，具有较强的理论意义和现实意义。

1. 理论意义

在结构转型的相关研究中，已经有比较成熟的系统性分析框架，同时不断有学者从不同角度提出新的研究方法。本书主要将结构转型领域的新进展应用于中国服务业"成本病"的研究，并从结构转型的三个不同角度拓展服务业"成本病"理论。

Baumol（1967）的研究积淀了服务业"成本病"的理论基础，Baumol与其合作者的一系列工作让人们认识到了服务业发展对整体经济增长带来的影响，这是服务业发展相关领域中的一个新观点。但是，Baumol（1967）的非平衡增长模型相对简单，忽视了很多重要的影响因素，如只考虑劳动力投入、将社会分为进步部门和停滞部门、缺乏实证检验等。基于此，本书将从结构转型的角度对服务业"成本病"理论进行拓展，分析结构转型动力变化、投资结构及其相关参数变化和服务业内部结构变化对中国服务业"成本病"的影响。这些分析内容弥补了相关研究的缺失，有助于加深我们对服务业"成本病"的理解，具有十分重要的理论意义。

2. 现实意义

当前，中国正处于复杂的国际和国内环境中，经济增长面临着严峻的挑战。在中国步入服务经济的"窗口期"（夏杰长等，2019），关于服务业"成本病"的理解和应对措施无疑会对中国未来的经济发展产生重要影响。目前，对服务业"成本病"的研究大多基于发达国家的经验进行，对发展中国家的研究相对较少。但是，在服务业发展到一定程度，且扩张的服务业在相对价格、生产率增长率及需求弹性等方面满足一定条件的情况下，发展中国家也极有可能受到服务业"成本病"的困扰。本书主要讨论中国的服务业"成本病"问题，丰富服务业"成本病"的研究对象。

本书将梳理中国结构转型与服务业扩张的规律、测算服务业"成本病"的大小、量化分析服务业发展与服务业"成本病"的影响因素，这些研究有助于推进中国结构转型升级、促进资源优化配置和实现产业平衡增长，具有十分重要的现实意义。

如果不能正确认识服务业"成本病"，而是一味地强调促进服务业发展，可能会导致出现服务业发展了但是最终却没能促进经济增长的结果。由于服务业"成本病"的存在，在制定促进服务业发展的相关政策时应考虑更多因素。本书的研究有助于厘清结构转型与经济增长的关系，为促进中国服务业发展、生产率提高和经济高质量发展提供政策建议，具有重要的现实意义。

二、相关概念界定

（一）产业结构

产业结构是经济学的重要研究对象。追溯到 17 世纪，Petty 于 1672 年在《政治算术》（*Political Arithmetick*）中提出商业的收入高于工业、工业的收入高于农业的观点，发现各国经济发展阶段和收入差异的原因在于产业结构的不同。此后，Quesnay（1979）等的研究也成为产业结构理论的重要思想来源①。直到 20 世纪 40 年代，Fisher（1935）首次提出了三次产业的划分方法，Clark（1940）在 Fisher 的基础上总结了 40 多个国家和地区产业结构变动的经验，Kuznets（1941）则进一步分析了产业结构与国民收入的关系，产业结构理论开始形成。现在较为常用的产业划分方式是将经济分为三大产

---

① Quesnay（重农学派的创始人）发表了《经济表》（1758）和《经济表分析》（1766），强调农业的重要性，认为农业是唯一能够创造利润的生产部门。Smith 在《国富论》（1776）中阐述了资本投入、产业部门和产业发展需遵循的顺序。

业，即农业、工业和服务业①。产业结构是指产业之间、产业内部各行业之间及产业投入的各生产要素之间的组成关系，一般用就业结构、投资结构、消费结构及产出结构等来衡量。

在讨论产业结构时需要区分两个相近但又有差别的概念：结构转型和结构升级。结构转型是形容产业结构变化的一个过程，结构升级是指产业结构朝着优化资源配置、提高生产效率和促进经济增长的方向变化；并不是所有符合 Kuznets（1973）② 提出的阶段性特征的结构转型都属于结构升级。举例来说，一些拉丁美洲国家的产业结构呈现出由工业部门向服务业部门转移的特点，但是这一转移发生在其工业化发展还未完成的情况下，没有提高生产效率，因此这一过程属于结构转型，并不属于结构升级。

（二）生产效率

生产效率是度量生产过程中投入与产出活动的一个重要指标，可以从单要素生产率和全要素生产率等角度来衡量。单要素生产率主要衡量要素的产出能力，一般考虑劳动生产率和资本生产率；若同样数量的投入要素能够带来更多的产出，则生产率较以往得到了提高。全要素生产率为劳动和资本等各要素投入之外的技术变化对产出的影响（易纲和樊纲等，2003）。提高生产效率是促进经济增长的重要方式，也是推动经济高质量发展的关键。

提高生产效率的本质是优化资源配置，使一定数量的投入可以带来更多的产出。若只分析劳动力投入，可用劳动生产率来度量生产效率；若同时考虑了资本投入与劳动力投入，则一般用全要素生产率来度量生产效率；近年来，有学者讨论了有环境约束的绿色全要素生产率（如：陈诗一，2010）。

---

① 按照国民经济行业分类标准（GB/T 4754—2017），第一产业也称农业，包括农、林、牧、渔业。第二产业包括工业与建筑业，其中工业包括采矿业、制造业和电力、燃气、热力及水生产与供应业。除去第一产业和第二产业之外的其他行业均属于第三产业，也称服务业。第一产业、第二产业和第三产业也可以称为农业、工业和服务业，此时工业泛指第二产业。

② Kuznets（1973）总结了现代经济增长的六个特征，也被称为"库兹涅茨事实"（Kuznets Facts）。他认为结构转型有如下特点：一个经济体的产业结构转换速度很快，一开始是由农业部门向非农业部门转移，之后由制造业向服务业转移。发达国家和发展中国家的结构转型过程都遵循了这一规律。

本书将采用劳动生产率、资本生产率与全要素生产率来度量生产效率。

（三）经济增长

经济增长通常是指一个国家人均国内生产总值的增加。经济总量通常用现价的国内生产总值来衡量，增长率则一般以不变价的国内生产总值计算。改革开放以来中国经济高速增长，虽然近年来增长速度有所下降，但是依然超过了世界上大部分国家。

经济增长的目标对经济发展的安排有重要影响，无论是出于被动地接受还是主动地进行战略选择，近几年中国经济增长的目标在下调。2009 年的《政府工作报告》中提出当年国内生产总值增长速度保持在 8% 左右的目标。2015 年的《政府工作报告》中提出国内生产总值增长速度的目标为 7%。2020 年的《政府工作报告》中没有提出全年经济增速的具体目标，工作重点放在引导各方面集中精力抓好"六稳""六保"。时代在变化，且变化的速度越来越快。如果产业升级了，经济增长速度的新 5% 比旧 8% 更好①。习近平指出："我国经济已由高速增长阶段转向高质量发展阶段，正处于转变发展方式、优化经济结构、转换增长动力的攻关期。"当前中国经济发展的背景是增速换挡与结构转型，发展的关键点由提高速度转变为提升质量，要构建现代化的产业结构体系、发展集约型经济增长方式，推动经济朝高质量方向发展。中国经济增长的动力将从要素驱动转向创新驱动，产业结构将从以重工业为主升级为以高端制造业和现代服务业为主。

（四）服务业"成本病"

服务业"成本病"是服务业相关研究中不可忽视的一个重要主题。Baumol（1967）指出，服务业"成本病"是指由于服务业的生产率增长率低于制造业的生产率增长率，随着服务业就业份额和产出份额的增加，服务业生

---

① 任泽平：《中国经济：新 5% 比旧 8% 好》，中国经济周刊网，2017－12－11，http：//app. ceweekly. cn/？ －action＝show&app＝article&contentid＝212696&controller＝article。

产的相对成本会上升，将拉低总体经济的生产率增长率，并对经济增长产生负面影响。Fuchs（1968）也提出了类似的思想，因此这一观点被称为"鲍莫尔—富克斯假说"，也叫作服务业"成本病"或"鲍莫尔成本病"。之后，很多基于发达国家的实证研究证明了这一观点；近年来，也有相关研究提出随着服务业扩张，发展中国家也同样存在服务业"成本病"。

称其为服务业"成本病"，源于它是由服务业相对成本上涨带来的一系列问题；之所以称为"病"，是因为它可能会给政府带来财政困难、阻碍生产效率的提升甚至导致经济增长停滞。当服务价格（如医疗、教育、住房等）不断上涨使低收入人群无法负担时，政府要为此提供大量的财政补贴；过高的服务价格已成为很多国家经济增长中的严重问题。Baumol（2012）认为，长期来看服务业"成本病"无法避免，也有学者为应对服务业"成本病"提出了相应的解决方法（程大中，2008）。本书认为服务业"成本病"也许不可避免，但并非不可控制，可以通过调整服务业发展方向和方式，减弱服务业"成本病"。

三、研究内容与方法

（一）研究内容

本书的研究内容围绕着结构转型、服务业"成本病"与经济增长展开，但是这三点都是比较宽泛的概念，本书尝试分析这三者之间的关系。结构转型是本书研究的切入点，服务业"成本病"是研究的主体，促进经济增长是研究的目标。本书基于非平衡增长模型，结合中国服务业发展的特点初步判断中国存在服务业"成本病"，并测算服务业"成本病"的大小，从不同角度研究服务业"成本病"的影响因素。本书的研究内容主要如下：

第一章为导论，主要阐述本书的研究背景和意义，介绍相关的概念和研究方法。

第二章从非平衡增长模型出发，分析服务业"成本病"的理论基础，并对服务业发展、结构转型和服务业"成本病"的相关研究进行文献综述。

第三章从中国不同发展时间段、不同区域和国家对比分析的角度讨论并总结中国服务业发展的特征，发现中国结构转型的速度较快，不同时间段内产业结构有很大的变化；相比而言，不同区域结构组成的差异较小。与类似结构的发展中国家相比，在 2010 年之前，中国服务业发展存在相对滞后的问题。

第四章分析中国服务业发展的特点，初步判断中国存在服务业"成本病"，并计算劳动生产率增长率的结构效应和鲍莫尔效应，估算中国服务业"成本病"的大小。结果显示：2013 年劳动生产率增长率的结构效应为-2.53%，意味着与 1978 年相比，结构变化使 2013 年的总体劳动生产率增长率下降了 2.53%；鲍莫尔效应的结果与此类似。

第五章聚焦对需求侧效用函数的分析，量化需求价格弹性和需求收入弹性的大小，分析价格效应和收入效应对结构转型和服务业"成本病"的影响。结果显示：在 PIGL 效用函数下，价格效应和收入效应对结构转型和服务业"成本病"的影响大小比较接近，但是 Stone-Geary 效用函数和非位似 CES 效用函数假设下得到的结论与此不同。

第六章考虑劳动力和资本作为生产投入，假设产品部门和服务部门均可生产投资品，用投资结构、消费结构、增加值结构和就业结构的变化度量结构转型，分析投资结构变化对服务业"成本病"的影响。结果显示：提高投资率、提升产品部门的投资份额和增加最终投资品生产中投入的替代弹性可以提高总体劳动生产率增长率，减弱服务业"成本病"。

第七章研究服务业内部结构组成对服务业"成本病"的影响。通过建立一个三部门模型，假设嵌套的非位似 CES 效用函数，分析产品部门与服务部门及服务业内部不同行业间的需求收入弹性和替代弹性，预测未来中国服务业"成本病"的发展趋势。结果显示：未来的鲍莫尔效应均为负数，将持续拉低总体劳动生产率增长率；并且，鲍莫尔效应对总体劳动生产率增长率增长的负作用会逐渐增加，将从 2017 年的-0.56%下降到 2034 年的-1.62%，未来服务业"成本病"会更严重。

第八章为研究结论、政策建议与研究展望。

本书的研究框架如图 1-4 所示。

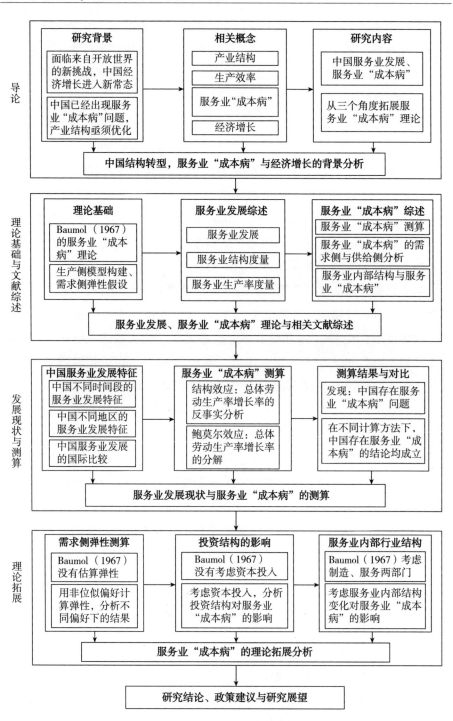

图 1-4 本书的研究框架

（二）研究方法

本书在梳理结构转型相关文献、厘清中国结构转型与服务业发展特点的基础上，分析中国服务业"成本病"的发展现状与影响因素，并预测中国未来服务业"成本病"的变化趋势。本书的主要研究内容包括相关文献的梳理、服务业的发展特征讨论、包含结构转型的一般均衡模型的构建、参数校准、反事实分析和预测等，主要涉及以下研究方法：

第一，文献研究法。已有关于结构转型和服务业"成本病"的文献、书籍、数据资料很多，对现有相关文献资料的研习有利于了解中国服务业发展的历史、现状以及服务业"成本病"出现的原因、大小和影响因素等。

第二，描述性统计。根据中国各时间段、各地区及世界主要经济体服务业发展的现实情况，对现有数据进行整理分析，并用图片和表格等形式进行呈现，力争通过描述性统计阐述中国服务业发展的特征及其与经济增长的关系。

第三，比较研究法。本书采用比较研究法从三个不同的角度分析中国服务业的发展。第一个角度是对中国服务业发展水平及其生产效率等在不同阶段的特点和差异进行对比分析；第二个角度是从中国不同地区间的发展差异进行对比讨论；第三个角度是把中国的服务业发展与世界主要经济体进行对比研究。此外，采用不同方法测算中国服务业"成本病"的大小，验证方法的可靠性。

第四，定性研究法。通过构建包含结构转型的一般均衡模型，对均衡等式的特征进行讨论。模型的一般均衡分析有助于把握结构转型和服务业"成本病"的本质，归纳在一定条件下结构转型的变化规律，为量化分析提供理论基础。例如，本书通过参数校准发现产品和服务需求的替代弹性小于1，可知产品相对价格的上升会引致其支出份额的增加。

第五，定量研究法。定量研究方法有很多，本书主要使用其中的参数校准、反事实分析和预测。基于均衡条件和统计数据，对模型进行校准得到关键参数的取值，进而更加了解现实发展的情况。例如，通过反事实分析，可以讨论收入变化和相对价格变化对服务业"成本病"的影响；通过预测，可以在一定假设条件下预测未来中国服务业"成本病"的发展方向。

本书的技术路线如图 1-5 所示。

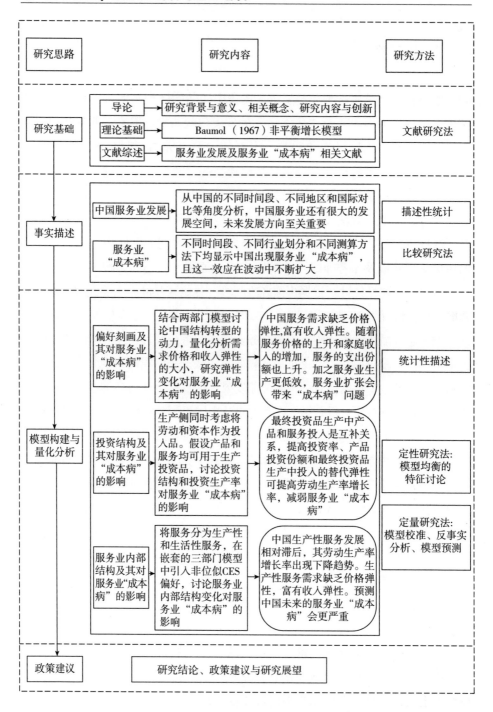

图1-5　本书的技术路线

（三）创新点和不足

本书通过构建包含结构转型的一般均衡模型，采用校准、反事实分析与预测等方法分析中国服务业的发展特点及服务业"成本病"出现的原因、变化和影响因素，在研究内容和方法上存在以下几个创新点和不足。

1. 创新点

服务业"成本病"理论源于 Baumol（1967）的非平衡增长模型。随着经济发展和服务业的扩张，中国已经出现服务业"成本病"。本书采用不同方法估算了中国服务业"成本病"的大小，并且在 Baumol（1967）非平衡增长模型的基础上，采用包含结构转型的一般均衡模型量化分析服务业"成本病"的影响因素及其未来的发展方向，从多个角度对服务业"成本病"理论进行拓展研究，具体有以下几个创新点：

第一，从研究对象的角度拓展了服务业"成本病"理论。现有的服务业"成本病"研究主要以发达国家的发展经验为分析对象，对发展中国家的分析较少。随着经济发展和服务业的扩张，发展中国家也极有可能会受到服务业"成本病"的困扰。现有对中国服务业"成本病"的分析主要集中于讨论是否存在服务业"成本病"，本书认为中国存在服务业"成本病"，并测算了中国服务业"成本病"的大小，讨论了其影响因素和未来的发展方向，补充了服务业"成本病"的分析对象。

第二，从需求侧的角度拓展了服务业"成本病"理论。Baumol（1967）的非平衡增长模型中只讨论了供给侧生产函数的假设与利润最大化均衡条件，没有讨论需求侧的情况，更没有量化分析收入弹性和价格弹性。基于此，本书同时考虑了模型的需求侧和供给侧，参考 Boppart（2014）的方法采用 PIGL 效用函数量化需求的收入弹性和价格弹性，讨论结构转型的主要动力，并且通过反事实分析研究收入效应和价格效应对结构转型和服务业"成本病"的影响，完善了服务业"成本病"的研究框架。

第三，从供给侧的角度拓展服务业"成本病"理论。Baumol（1967）的非平衡增长模型中只考虑劳动力一种投入要素，假设不同部门劳动力的工资相等。本书在非平衡增长模型的基础上于生产函数中增加资本投入，引入税收等参数刻画部门间的劳动生产率差异。进一步地，本书参考 Herrendrof 和 Rogerson 等（2020）的研究方法，假设产品部门和服务部门均可生产投资品，并量化分析投资率、投资结构与投资生产过程中要素投入的替代弹性对服务业"成本病"的影响，丰富了服务业"成本病"的研究内容。

第四，从服务业内部行业分类的角度拓展了服务业"成本病"理论。Baumol（1967）的非平衡增长模型中只考虑制造业和服务业两个部门，基于服务业内部行业间的异质性，对服务业内部结构的讨论也十分必要。本书将服务业分为生产性服务业和生活性服务业，借鉴 Duernecker 和 Herrendrof 等（2017）的研究建立了一个嵌套三部门模型研究服务业内部行业差异及组成结构变化对服务业"成本病"的影响，并对中国未来服务业"成本病"的发展进行了预测，细化了服务业内部结构变化对服务业"成本病"影响的研究。

2. 不足

本书主要从结构转型动力、投资结构和服务业内部结构三个角度拓展了 Baumol（1967）的非平衡增长模型。这三个角度均是服务业"成本病"产生的关键因素，但是本书无法囊括影响服务业"成本病"的所有重要因素，因此在研究内容上还存在一些不足之处。

第一，本书的研究主要聚焦于中国的宏观层面和行业层面的讨论，缺乏企业或家庭层面的微观证据。以结构转型的收入效应为例，不同收入水平家庭的需求偏好会有不同的特点，家庭间收入分布的方差大小会影响整体的需求结构组成。由于服务业发展相关微观数据的缺失，本书只考虑了全国的总体情况。

第二，本书虽然讨论了服务业内部结构变化的特点及其对服务业"成本病"的影响，但是对服务业内部行业的分类相对粗糙，只分析了生产性服务业和生活性服务业，没有涉及对某些具体行业的研究。未来应进一步探讨服务业细分行业发展特征及其对服务业"成本病"与经济增长的影响。

第三，在服务业"成本病"的影响因素中，还有一个重要因素是部门间生产率增长率的差异。提高服务业生产率增长率，缩小产业间的生产率差距，是治愈服务业"成本病"的重要方法。本书假设部门间生产率差异是外生给定的，没有讨论形成这一差异的原因，主要从结构转型的角度展开分析。

第二章

相关理论与文献综述

　　本章主要从服务业发展、服务业"成本病"的理论及相关文献等方面展开讨论，以介绍服务业"成本病"的理论渊源、产生背景、发展脉络和研究现状，在此基础上聚焦问题、提出问题，并确定本书的研究重点和方向。本章的主要研究内容包括：介绍服务业"成本病"理论，讨论对其的发展与质疑，并提出可进行拓展研究的几个方向；对服务业发展、结构转型与服务业"成本病"的相关文献进行综述，总结现有文献的特点，在文献评述的基础上探讨本书研究的创新点和意义。

一、服务业"成本病"理论

随着经济的发展，服务业不断扩张，对服务业"成本病"这一话题的讨论也较多。服务业"成本病"理论主要来源于 Baumol 及其合作者的相关研究，本节主要分析服务业"成本病"的理论及对其的发展与质疑，并讨论其可进行拓展研究的几个方向。

（一）非平衡增长模型介绍

Baumol 和 Bowen（1965）对艺术表演等服务业进行分析发现，服务业的技术进步速度和生产效率提升速度比制造业更慢。Baumol（1967）基于对美国市政服务与政府财政问题的研究，讨论了服务业发展对总体经济增长的影响，形成了服务业"成本病"理论。Baumol（1967）通过建立一个两部门非平衡增长模型发现，由于服务业的劳动生产率增长率慢于制造业，服务业生产的实际成本会逐渐增加；随着服务业就业份额和产出份额的提高，总体经济的平均生产成本会上升，因此在就业总人数不变等条件下的服务业扩张会带来服务业"成本病"问题。

Baumol（1967）的非平衡增长模型主要有以下 5 个假设。假设 1，从生产率增长率角度将经济活动分为两种类型：生产率增长率为常数（>0）的技术进步部门和生产率增长率为零的技术停滞部门；进步部门主要指制造业，停滞部门主要指服务业。假设 2，只考虑劳动力成本，忽略其他的生产成本。假设 3，两个经济部门的工资水平同增减，为简化分析假设两部门工资相等。假设 4，工资会随着进步部门每单位劳动力产出的增加而上涨。

假设存在两个部门，令 1 代表停滞的服务业部门，2 代表进步的制造业部门。令 Y_{it} 代表 i 部门在 t 期的产出，$i \in \{1, 2\}$；令 L_{it} 代表 i 部门在 t 期雇佣的劳动力数量；a 和 b 为常数；进步部门的生产率增长率为 r。则两部门的生产函数满足如下的形式：

$$Y_{1t} = aL_{1t} \tag{2.1}$$

$$Y_{2t} = bL_{2t}e^{rt} \tag{2.2}$$

假设 5，假设两个部门的每单位劳动力的工资相等，均为 W_t。W_t 也随时间增长，并且和进步部门的生产率增长保持一致。

$$W_t = We^{rt} \tag{2.3}$$

式中，W 为常数。令每单位产出的成本为 C_i，则：

$$C_1 = W_t L_{1t}/Y_{1t} = We^{rt}L_{1t}/(aL_{1t}) = We^{rt}/a$$

$$C_2 = W_t L_{2t}/Y_{2t} = We^{rt}L_{2t}/(bL_{2t}e^{rt}) = W/b \tag{2.4}$$

W、b 均为常数，说明进步部门的单位产出成本 W/b 是常数。同时，停滞部门的单位产出成本为 We^{rt}/a，意味着随着时间的推移，停滞部门的单位产出成本会不断增加。当同时满足上述 5 个假设时，由式（2.4）的两个等式可以得到命题 1。

命题 1 停滞部门的单位产出成本将随着时间的推移而上升并趋于无穷大，而进步部门的单位产出成本保持不变。

无论是否满足式（2.3），由式（2.1）和式（2.2）可知，停滞部门单位产出成本会不断上升。

$$\frac{C_1}{C_2} = \frac{L_{1t}}{Y_{1t}} \Big/ \frac{L_{2t}}{Y_{2t}} = \frac{be^{rt}}{a} \tag{2.5}$$

在这种情况下，预计停滞部门产品的市场需求将会随着相对成本的上升而下降。两部门产品的相对支出变化情况会因产品需求价格弹性和收入弹性的变化而不同，因此接下来从产品需求价格弹性和收入弹性的几种情况进行分析，并得到命题 2 和命题 3。

假设两个部门产品的需求价格弹性为单位弹性，且产品价格与成本成一定比例，则两种产品的相对产值会保持不变。相对产值的具体表达式为：

$$\frac{C_1 Y_1}{C_2 Y_2} = \frac{We^{rt}L_{1t}}{We^{rt}L_{2t}} = \frac{L_{1t}}{L_{2t}} = A$$

式中，A 为常数。由此可得两个部门的产出比为：

$$\frac{Y_1}{Y_2} = \frac{aL_{1t}}{bL_{2t}e^{rt}} = \frac{a}{be^{rt}}A \tag{2.6}$$

由于 e^{rt} 随着时间推移而上升，所以 $\dfrac{Y_1}{Y_2}$ 会随着时间的推移而不断下降。

由此可以得到命题2。

命题2 如果对停滞部门的产品不是十分地缺乏需求价格弹性，则停滞部门的产出将下降，并最终可能下降为零。

假设停滞部门产品的需求为价格无弹性或收入富有弹性（或者存在政府补贴），则无论两部门产品的相对成本和相对价格如何变化，两个部门的相对产出保持不变，假设它们的比值为 K。这种情况下可以得到等式：

$$\frac{bY_1}{aY_2} = \frac{L_1}{L_2 e^{rt}} = K$$

令 L 为总劳动力供给，满足 $L = L_1 + L_2$。则：

$$L_1 = (L - L_1)Ke^{rt} = \frac{LKe^{rt}}{1 + Ke^{rt}} \tag{2.7}$$

$$L_2 = \frac{L}{1 + Ke^{rt}} \tag{2.8}$$

当满足停滞部门产品的需求为价格无弹性或收入富有弹性（或者存在政府补贴）使得部门产出比例保持不变的假设时，可以得到命题3。

命题3 如果两个部门的产出比例保持不变，则劳动力将不断地转移到停滞部门，进步部门的劳动力份额将趋于零。

现在讨论当两个部门产出比例保持不变时总产出的增长率。令两部门的产出占总产出的比重分别为 B_1 和 B_2，I 代表两部门产出的加权平均指数，则：

$$I = B_1 aL_1 + B_2 bL_2 e^{rt} = B_1 a \frac{LKe^{rt}}{1 + Ke^{rt}} + B_2 be^{rt} \frac{L}{1 + Ke^{rt}} \tag{2.9}$$

令 $R = L(B_1 aK + B_2 b)$，则式（2.9）可简化为：$I = \frac{Re^{rt}}{1 + Ke^{rt}}$。$I$ 对时间 t 求导，得到：$\frac{dI}{dt} = \frac{Rre^{rt}}{(1 + Ke^{rt})^2}$。等式两边同时除以 I，继续整理得到：

$$\frac{dI}{dt} \Big/ I = \frac{r}{1 + Ke^{rt}} \tag{2.10}$$

由式（2.10）可知，当 t 增加时，$\frac{dI}{dt} \Big/ I$ 渐进趋于 0。由此可以得到命题4。

命题 4 如果要在一个生产率不平衡发展的社会中实现均衡增长，必将导致总体劳动生产率增长率下降。特别地，如果一个部门的劳动生产率和劳动力总供给保持不变，总体经济增长率将趋于零。

综上所述，当两个部门间存在劳动生产率增长率的差异，只考虑劳动力成本且假设不同部门工资相同时，生产率增长率较低部门的相对成本会不断上升。当满足停滞部门产品的需求为价格无弹性或收入富有弹性使得部门产出比例保持不变的假设时，劳动力将不断地转移到停滞部门，总体经济增长率将趋于零。由此可以总结，服务业"成本病"的分析关键在于服务业扩张事实上的服务业生产率增长率较低、需求缺乏价格弹性、需求富有收入弹性等特点；对服务业"成本病"的讨论要综合考虑这些因素。

以上的分析即为 Baumol 非平衡增长模型的主要内容。Baumol 的服务业"成本病"理论关注服务业的扩张和部门间生产率差异，是当代服务业研究的一个热点话题。它第一次对经济社会中的结构转型进程提出疑问，通过简单的经济学模型证明服务业扩张给总体生产效率和经济增长带来的问题（李辉，2014），值得我们关注和学习。

（二）非平衡增长模型的发展与质疑

Fuchs（1968）于《服务经济学》中提到，在 20 世纪 60 年代美国服务业的就业比重已高达 50%，他认为服务业就业人员迅速增加的主要原因是"服务部门的每人产值的增长要比其他部门慢得多"[1]。这与 Baumol 服务业"成本病"的观点不谋而合，因此学者们也称这一观点为"鲍莫尔—富克斯假说"。Baumol 和 Blackman 等（1985）发现，服务业中既包括进步的部门，也包括停滞的部门。他们修正了 Baumol（1967）把服务业部门均归为停滞部门的假设，在进步部门和停滞部门之外引入渐进停滞部门。渐进停滞部门以固定的比例使用两种投入，一部分投入来自进步部门，另一部分投入来自停滞部门；渐进停滞部门的生产率初始增长较快但之后会逐渐放缓并停滞。渐进停滞部门的引入，使得服务业中停滞部门的"成本病"对整体经济的影响可能比早期模型

---

① 富克斯：《服务经济学》，商务印书馆，1987 年版，第 12 页。

（Baumol，1967）讨论的更为严重。

服务业"成本病"也被很多研究验证。Haig（1975）基于澳大利亚的数据讨论了制造业和服务业就业份额的变化特点，发现由于服务业相对生产率较低导致服务业就业份额增长更快。Spann（1977）认为，预测的准确性是检验模型的一个方法，他基于 Baumol 的非平衡增长模型结合美国数据对人均公共支出（Government Expenditures）的增长率和公共支出占国民生产总值的份额做了相应预测，结果显示预测值与真实数据十分接近，说明 Baumol 的非平衡增长模型具有说服力。此外，Leveson（1985）和 Nordhaus（2008）基于美国的数据分析结构转型和服务业发展特征，证实了服务业"成本病"的存在；Last 和 Wetzel（2011）研究德国剧院表演艺术的生产效率变化，验证了服务业"成本病"理论；Summers（1985）基于跨国数据分析服务业扩张的成因与结果，也得出了与服务业"成本病"理论一致的结论。程大中（2004，2008）基于中国数据分析发现，中国绝大多数地区已显露出服务业"成本病"。

随着服务业"成本病"理论的发展，也出现了一些质疑的声音。Inman（1985）认为，服务业的劳动生产率增长率为零的假设并不符合现实，比较分析服务业与制造业的劳动生产率增长率差异更有意义。Griliches（1992）认为，服务产出大多具有非实物化的特征，且质量难以衡量，服务产出以及服务生产率增长率往往被低估。Jack 和 Triplett（1999）也从生产率测度角度对服务业"成本病"提出疑问。Oulton（2001）研究发现，当服务业作为中间投入品用于制造业的生产时，服务业的扩张不会对经济增长产生负面影响。Young（2014）基于美国和大多数 OECD 国家的数据重新审视了服务业"成本病"。他结合 Roy（1951）的工人自选择（Workers Self-Select）理论认为服务业生产率增长率存在低估，服务业的劳动生产率增长率很可能不低于制造业的劳动生产率增长率；当采用索洛余值法计算全要素生产率增长时，如果不考虑产业结构转变过程中跨部门转移的就业人口之间劳动生产率的异质性，会存在全要素生产率误测的问题。所以，Young 认为不一定存在服务业"成本病"。庞瑞芝和邓忠奇（2014）基于对 1998~2012 年中国服务业和工业的省际面板数据的分析发现，服务业的平均全要素生产率高于工业，虽然服务业的全要素生产率增长率稍低于工业，但是有赶超工业的趋势，所以他们认为中国没有出现服务业"成本病"。

除了一些质疑，还有学者认为服务业的发展是经济增长的引擎（Bell，1974）。江小涓（2017）认为，随着当代技术特别是网络技术的发展，服务业生产率低的假设不再成立，需要新的理论来解释服务业与经济增长之间的关系。在服务业"成本病"之外，结构转型的分析中还有一个"结构红利"假说。张军和陈诗一等（2009）对中国的"结构红利"进行了研究，发现工业的增长与生产率提高推动了全要素生产率的增长，中国显著存在"结构红利"。干春晖和郑若谷（2009）分别对劳动力和资本的产业间流动进行分析，发现劳动力的产业间流动会带来"结构红利"。"结构红利"假说与服务业"成本病"之间有什么关系呢？李翔和刘刚等（2016）认为，服务业"成本病"讨论的是服务业份额的变动，"结构红利"关注的是三次产业份额变动，还考虑了要素从农业部门向工业部门的转移，所以这两者是不同的概念，无论"结构红利"是否成立，都不能肯定或否定服务业"成本病"。

（三）对非平衡增长模型的拓展

如前文所述，根据非平衡增长模型，证明服务业"成本病"存在主要基于5个假设。假设1，从劳动生产率增长率角度将经济活动分为两种类型：技术进步部门和技术停滞部门。假设2，只考虑劳动力成本，忽略其他的所有生产成本。假设3，两个经济部门的工资水平同增减。假设4，工资会随着进步部门的每劳动力产出的增加而上涨。假设5，停滞部门产品缺乏需求价格弹性或富有需求收入弹性。基于此，本书尝试从以下三个角度对服务业"成本病"理论进行拓展分析。

第一，从需求侧角度。Baumol（1967）假设停滞部门的产品需求为价格无弹性或收入富有弹性时会加剧"成本病"，但是没有计算弹性的大小，也没有量化分析弹性对"成本病"影响的大小。因此，本书将参考 Boppart（2014）的方法，通过非位似偏好的假设在模型中刻画结构转型的收入效应和价格效应，计算中国的产品与服务的需求价格弹性和需求收入弹性，并分析价格效应和收入效应对服务业"成本病"的影响。另外，本书将对比分析Kongsamut 和 Rebelo 等 （2001）、Boppart （2014）、Comin 和 Lashkari 等

（2021）的非位似偏好刻画方法，以及三种效用函数的特点和适用范围。

第二，从供给侧角度。Baumol（1967）在分析框架中只有劳动力投入，不考虑资本。本书将不仅考虑资本投入，而且考虑投资结构。参考 Herrendorf 和 Rogenson 等（2020）的研究，本书在结构转型模型中引入资本投入，假设产品部门和服务部门都能生产投资品，并在此基础上考虑投资结构及其相关因素对服务业"成本病"的影响。

第三，从行业划分角度。Baumol（1967）假设存在制造业和服务业两大部门，本书将服务业细分行业分为生产性服务业和生活性服务业，建立一个三部门模型分析服务业内部结构转型对服务业"成本病"的影响，并对中国未来的服务业"成本病"进行预测。

这三个拓展方向的研究进展将在下一节中进行阐述。

二、文献综述

本节主要对服务业发展、结构转型和服务业"成本病"的相关文献进行综述，帮助理解服务业"成本病"的研究进展。

（一）服务业发展的相关文献综述

一个国家的收入水平和结构转型所处的阶段有很大的关系，当收入提高到一定的水平后，服务业发展会成为影响一国经济增长的重要因素。随着生产技术的进步，专业分工也越来越细，服务业的细分行业逐渐增多。对服务业发展的量化分析中，较常用的方法是衡量服务业在总体经济发展中的重要性，如服务业的投入和产出占总体经济的份额。除了结构组成之外，服务业的生产效率也是衡量服务业发展的重点指标。

1. 服务业的发展历程

Delaunay 和 Gadrey 等（1992）对 18 世纪晚期及之后的服务业发展进行了梳理，提出服务业经济思想的发展可以分为四个阶段。

第一个阶段为 18 世纪晚期到 19 世纪中期，也称古典服务经济思想时期。早期对服务业的探索，可以追溯到 Smith（1776）。那时服务业的概念还没有出现，他对服务业的论述分散在《国富论》中，没有专门的论著。Smith 从劳动的角度把经济活动人口分为两类：生产性和非生产性。他认为非生产性支出是一种负担，是国民财富的损失，是资本积累的障碍。之后很长的一段时间内，对非生产性劳动的经济理论研究都局限在 Smith 的分析上，认为服务业是不创造财富价值的。

第二个阶段为 19 世纪中期到 20 世纪 30 年代。有学者开始关注价格和价值理论，在服务对财富增长意义的问题上持肯定态度；开始有与 Smith 相反的观点，认为服务业是创造财富的（Say，1972）。这一时期，许多学者倾向于将所有活动都视为生产性和服务性的。

第三个阶段为 20 世纪 30 年代到 60 年代。随着社会经济的发展，服务业的重要性变得不可否认。1935 年新西兰经济学家 Fisher 所著《安全与进步的冲突》一书中首次提出三次产业分类的方法，此后服务业成了一个独立的产业。这之前，并没有服务业的概念。在 Fisher 的研究基础上，Clark（1951）基于大量的实证分析总结了三次产业结构变化的特征及其与经济发展的关系，认为服务业与制造业在生产率上不存在本质差异。之后服务业得到更多的关注，其对经济发展的作用也得到了越来越多的重视。

第四个阶段为 20 世纪 60 年代至今。服务业持续发展，其产出份额、劳动力份额逐步上升。Fuchs（1965）首次明确提到了"服务经济"一词，他指出："美国成为世界历史上第一个进入服务经济这个新阶段的国家，其50%以上的劳动力不再从事于食品、服装、房屋、车辆等有形产品的生产。"1968 年，Fuchs 著的《服务经济学》出版，该书利用了大量的统计数据和统计方法做了实证研究，是第一部专题研究服务理论的著作。《服务经济学》出版之后对服务经济的关注度逐渐增加，到现在服务经济已成为经济学中的重要学科。Bryson 和 Daniels（2007）从服务业的特性、发展、贸易、技术和创新等方面进行了详细的讨论和总结。

中国的服务经济研究起步较晚，于 20 世纪 80 年代之后兴起并发展。1981 年傅殷才的文章《评现代资产阶级服务经济理论》发表，1987 年 Fuchs 著的《服务经济学》被译介到中国。随后国内学者如陶永宽等（1988）、周长军（1990）、高涤陈和白景明（1990）及白仲尧（1991）也相继出版了服务经济学的相关专著。刘伟和李绍荣（2002）从产业结构与经济增长的角度进行研究，认为服务业扩张会降低农业和工业对经济规模的正效应，对服务业发展特征的分析至关重要。江小涓和李辉（2004）基于中国服务业相关数据分析了我国服务业发展及内部结构的变化，并进行了国际对比研究，提出随着经济增长，中国服务业的发展会上一个新台阶。

2. 服务业发展的度量

服务业发展的度量与结构转型的测度方法类似：将总体经济细分成不同部门，研究部门的经济活动。结构转型的测度一般通过观察经济活动中各部门份额的演变来进行，本书关注的主要是服务部门的发展情况。

常用的产业结构衡量指标有：就业份额、增加值份额和消费支出份额，也有研究用投资份额（Herrendrof 和 Rogerson 等，2014；Neuss，2019）。Herrendrof 和 Rogerson 等（2014）认为，由于存在投资和净出口，所以消费份额和增加值份额并不相同，并且只分析其中任何一个结构组成都是不充分的。此外还有一些研究结合不同的份额构建新的指标来衡量结构转型，如干春晖和郑若谷等（2011）构建了产业结构的合理化与高级化指标衡量结构变迁。产业结构合理化同时考虑了就业份额与增加值份额，以反映产业之间协调程度与资源有效利用程度。产业结构高级化则通过计算服务业增加值与工业增加值之比得到，可用于衡量结构升级。本书的研究中主要直接采用就业份额、增加值份额衡量中国的服务业发展，第六章也分析了服务业的消费支出份额和投资份额。

服务业产出的测算工作是一个世界性的难题。与制造业相比，服务业在范围界定、行业划分、质量变化及产出测算等方面都存在很大的困难。衡量服务业增加值份额首先要面临的问题是测算服务业的产出。如果服务业的产出核算数据无法反映其真实情况，那么在这些数据之上的所有分析都将是失真的。Griliches（1994）认为，美国经济核算中存在测量误差及生产率计算上的数据限制等问题。许宪春（2000）、岳希明和张曙光（2002）对估算我国服务业增加值时存在的问题进行了讨论，指出由于服务业统计口径不统一和部分服务业计价过低等原因，我国国民经济核算中存在对服务业增加值绝对水平估计过低的问题。

另外值得注意的几点是，在就业方面一般用"就业总人数"来计算就业结构，也有研究用"工作总时数"，两者的结果可能会有些许不同。"工作总时数"的就业指标通常更加精确，由数据的可得性决定指标的选择。由于产品价格的变化，名义增加值与实际增加值并不相同；增加值份额通常以名义增加值计算，而生产率则一般以实际增加值计算。此外，增加值与总产出的概念也不同，在考虑中间投入时，中间投入与增加值之和为总产出。

当分析消费结构时，Herrendorf 和 Rogerson 等（2013）的研究表明，无论是最终消费支出还是消费增加值，产品空间的选择都可能对导致结构变化的因素产生影响。Herrendorf 和 Rogerson 等（2014）认为，不同的产业结构衡量标准可以表现出不同的结构组成特点，并导致关于结构变化背后不同动力相对重要性的不同结论。

3. 服务业的生产率度量

服务业是发展经济学关注的重点，服务业的生产效率是服务业研究的重要议题。生产率度量的是产出与投入的关系，当只考虑劳动力人数作为投入要素时，可以计算劳动生产率；考虑劳动力、资本和土地等作为投入要素时，可以计算全要素生产率。服务业生产率的测算不仅可以帮助我们了解服务业生产活动的投入产出表现，也有助于探讨服务业发展与经济增长之间的关系。

Solow（1987）测算了美国服务业的生产率，发现从 1973 年后美国服务业生产率不断下滑。Hornstein 和 Krusell（1996）测算发现，1954～1973 年美国的全要素生产率年均增长 1.3%，而 1979～1993 年全要素生产率的平均增长下降为 0.71%。Gouyette 和 Perelman（1997）基于 13 个 OECD 国家的分析发现，服务业的生产率具有趋同性，但资本投入并没有促进服务业全要素生产率的提高。Hall 和 Jones（1999）提出，人力资本和教育无法解释国家间的劳动生产率差异，这一差异更多地由索洛残差（Solow Residual）带来。Triplett 和 Bosworth（2003）认为，讨论服务业生产率增长时应同时考虑劳动生产率与全要素生产率的增长；并且，全要素生产率增长不仅是提高服务业劳动生产率的主要源泉，也是促进其劳动生产率增长率上升的主要贡献者。

中国存在资源配置效率低及全要素生产率低等问题（Song 和 Kjetil 等，2011），对服务业生产率的研究至关重要。关于中国服务业全要素生产率测算的文献已有较多，也出现了多种测算方法。郭克莎（1996）采取索洛余值法测算出中国 1979～1990 年的服务业全要素生产率增长率的平均值为 2.58%。程大中（2003）应用总量生产函数假设计算了 1978~2000 年中国的服务业全要素生产率增长率。杨勇（2008）采用柯布—道格拉斯生产函数假设，讨论了服务业全要素生产率增长率对服务业产值的影响，测算了 1952~2006 年中国服务业的全要素生产率增长率。王恕立和胡宗彪（2012）则运用基于序列数据包络分析（Data Envelopment Analysis，DEA）的 Malmquist 指数法测算了 1990~2010 年中国服务业全要素生产率增长率，发现服务业细分行业全要素生产率的行业异质性较大。王美霞（2013）同样采用基于 DEA 的 Malmquist 指数法对中国生产性服务业细分行业的全要素生产率增长进行了测算，发现各行业间的全要素生产率均呈上升趋势，但不同行业全要素生产率的大小存在一定差异。

生产函数的假设和生产效率的测算是经济学分析中的基础部分。测算全要素生产率可以使用需要假设具体生产函数的索洛余值法，也可以使用不需要假设生产函数的随机前沿法和数据包络法；如果有微观企业数据还可以使用半参数估计方法。本书将利用产出、就业人数和资本投入数据，使用索洛余值法估算中国服务业的全要素生产率，并且结合服务业的劳动生产率等发展特征研究中国服务业的生产效率。

（二）结构转型的相关文献综述

关于结构转型与服务业"成本病"已有较多研究，本书主要从需求侧和供给侧两方面对其相关文献进行梳理。

1. 结构转型的需求侧分析

对结构转型需求侧的分析主要对应结构转型收入效应（或者恩格尔效应）的相关文献，它们的共同点是假设代表性家庭的效用函数满足非位似的偏好。恩格尔定律显示，随着家庭收入水平的上升，用于购买食物的消费份额会下降。当偏好满足非位似的特征时，随着收入的增加，消费者对不同产品的支出比例会发生改变。所以满足非位似偏好的效用函数可以用来分析结构转型的收入效应。

早期相关文献表明，结构转型可能是由收入变化引致的需求结构的变化带来的（如：Pasinetti，1981；Falkinger，1994；Laitner，2000；Caselli 和 Coleman，2001；Gollin 和 Parente 等，2002；Greenwood 和 Seshadri，2002；Bonatti 和 Felice，2008；Bertola 和 Foellmi 等，2014；Alder 和 Mueller 等，2018）。Kongsamut 和 Rebelo 等（2001）采用 Stone Geary 偏好刻画了非位似偏好的特点，他们假设家庭对农业产品有一个满足生存的最低消费量，低于这一消费量总效用将为 0；对服务业产品有一个禀赋性消费，由家庭可以自给自足的服务带来。Foellmi 和 Zweimüller（2008）则采用序列偏好假设刻画非位似偏好，他们认为随着收入的增加一些消费支出会分配到提供满足较高层次需求的部门，农业和服务业分别满足最基本的需求以及最豪华的需求。Boppart（2014）将 PIGL 效用函数引入结构转型模型分析收入效应的影响，他对效用函数的假设方法避免了 Kongsamut 和 Rebelo 等（2001）无法刻画长期收入弹性的缺点，并且得到了可变的产品间替代弹性。

Comin 和 Lashkari 等（2021）则在 CES（常替代弹性）效用函数的基础上引入需求收入弹性，通过非位似 CES（非位似偏好的常替代弹性）效用函数量化分析结构转型的收入效应和相对价格效应。他们发现，农业和制造业的需求收入弹性之差为负，而服务业和制造业的需求收入弹性之差为正；这两个差额随着时间的推移相对稳定；这一结果与 Kongsamut 等（2001）的研究结论不同，且非位似 CES 效用函数不支持在一些模型中观察到的部门收入弹性的演变（如：Foellmi 和 Zweimüller，2008）。本书主要分析 Kongsamut 和 Rebelo 等（2001）、Boppart（2014）、Comin 和 Lashkari 等（2021）对非位似偏好的研究方法，并对比它们的相同点和差异。不仅如此，本书还讨论了收入效应对服务业发展和服务业"成本病"的影响。

2. 结构转型的供给侧分析

结构转型供给侧的分析一般讨论生产技术和相对价格的变化对结构转型的影响。例如：Baumol（1967）、Ngai 和 Pissarides（2007）、Dennis 和 İşcan（2009）、Herrendorf 和 Rogerson 等（2013）讨论了部门间不同生产率水平带来的相对价格差异对结构转型的影响。Caseli 和 Coleman（2000）、Acemoglu 和 Guerrieri（2008）则从要素密集度差异的角度讨论了相对价格效应。谢丹阳和周泽茜（2019）总结了生产函数的演变历程，从资本积累、外生技术进步等角度剖析了内生增长模型的重要因素。

在讨论生产技术时，有些文章简化对资本的分析，只考虑劳动力投入；也有一些文章考虑资本投入，但是假设投资由独立的部门生产或者仅由制造业生产，忽略服务业生产投资品的能力，简化对投资结构的讨论（如：Herrendorf 和 Rogerson 等，2014；Święcki，2017；Sposi，2019；等等）。

郭凯明和余靖雯等（2018）基于中国的数据研究了投资结构和结构转型。他们假设所有部门均可生产投资品，通过建立一个包含农业与非农业的两部门模型对中国的投资结构、增加值结构和就业结构进行分析，发现中国投资结构变化对结构转型和劳动生产率增长有显著的影响，不同部门生产投资品的相对技术差异是影响投资结构变化的重要因素。本书也有考虑投资结构对生产率的影响，但不同的是，本书研究的是产品部门与服务部门之间的结构转型，并且增加了最终投资品生产中的替代弹性、产品及服务生产中的资本份额的变化对增加值结构与就业结构影响的讨论；最重要的是，本书关注投资结构对服务业"成本病"的影响。

Herrendorf 和 Rogenson 等（2020）基于美国的历史数据建立了一个考虑投资结构，允许结构转型并存在总量平衡增长路径的统一框架，他们着重分析总量平衡增长路径的存在性和特征。本书参考他们的研究建立一个假设由劳动和资本作为投入、生产产品和服务、产出可用于消费和投资的两部门模型。与他们的研究不同的是，本书主要分析投资结构的相关变量和参数变化对服务业发展带来的影响，并且在模型中引入了"税收"参数以刻画不同部门间全要素生产率与相对价格之间的差异。

（三）服务业"成本病"的相关文献综述

本章第一部分已介绍了服务业"成本病"的基本概念与理论基础，以下主要介绍服务业"成本病"的测算和服务业内部结构转型对其的影响。

1. 服务业"成本病"的测算

Nordhaus（2008）结合美国 1948~2001 年的分产业数据分析发现，美国存在服务业"成本病"，停滞部门的生产率更低，劳动生产率增长率每降低 1% 会导致产出增长率下降 0.75%。也有研究讨论了中国的服务业"成本病"，由于研究方法和分析的时间段不同，对中国服务业"成本病"的研究得出了不同的结论。

Qin（2006）参考 Nordhaus（2002）提出的对劳动生产率增长率分解的方法分析了 1985~2001 年中国服务业发展的情况，认为中国服务业就业份额的扩张主要来源于农业部门的劳动力转出，所以对总体经济增长有正的贡献，不存在服务业"成本病"。吴利学（2021）则指出，服务业比重上升不一定导致经济增长下滑，工业与服务业同时出现的效率下降才是宏观增长率下降的根本原因；因此，最为关键的是促进技术创新和生产率进步。中国是否存在服务业"成本病"？这个答案并不是固定的。2014 年，庞瑞芝和邓忠奇基于 1998~2012 年中国服务业和工业的省际面板数据分析发现，虽然服务业的全要素生产率增长率稍低于工业，但有赶超工业的趋势，并且服务业的平均全要素生产率高于工业，所以他们认为中国没有出现服务业"成本病"。2022 年，庞瑞芝和李帅娜基于 2011~2019 年中国各省份面板数据研究发现，目前中国存在服务业"成本病"，并且数字经济的发展可以减缓"成本病"效应。

程大中（2008）发现，服务业的需求缺乏价格弹性，中国大部分省份存在服务业的劳动生产率增长较低的问题，他认为中国绝大部分地区的服务业"成本病"已经显露。宋建和郑江淮（2017）基于 1984~2014 年中国 31 省份的面板数据进行实证分析，也提出中国存在服务业"成本病"。他们认为产生服务业"成本病"的关键不在于服务业的需求价格弹性，而在于生产率对相对价格的影响；服务业的相对生产率影响相对价格，进而影响服务业部门的就业份额和增加值份额，最终导致整体经济增速的放缓。本书将分析部门间生产率差异与结构变化对总体劳动生产率增长率的影响，初步判断中国存在服务业"成本病"，并参考 Nordhaus（2002）、Duernecker 和 Herrendorf 等（2017）的方法用结构效应和鲍莫尔效应估算服务业"成本病"的大小。此外，通过模型与反事实分析讨论收入效应、投资结构与服务业内部结构变化对服务业"成本病"的影响。

2. 服务业内部结构转型与服务业"成本病"

服务业内部各行业之间的差异性很大，对服务业内部细分行业特性的分析是研究服务业发展与服务业"成本病"的重要方面。服务业内部细分行业分类的方法主要有以下几种。

Greenfield（1966）最早提出了生产性服务业（Producer Services）的概念。之后，Singelmann（1978）根据服务的功能特征，将服务业分为四类：生产者服务、流通服务、社会服务及个人服务。这种分类方法有利于解决一些宏观经济问题和进行国际比较分析，同时也能反映服务业内部结构的变化趋势。但是服务业的四分法对于服务业的生产率和产业化等问题并不是很合用。此外，Hubbard 和 Nutter（1982）、Daniels（1995）等将服务业分为两类：消费性服务业与生产性服务业。进一步地，Cheng 和 Daniels（2014）利用投入产出数据总结了中国生产性服务业发展的五个特征。

Baumol 和 Blackman 等（1985）的研究发现，服务业内部细分行业具有较强的异质性，包括经济活动中最进步的部门和最停滞的部门。他们基于服务业的这一特点将 Baumol（1967）的两部门非平衡增长模型拓展成三部门模型，发现服务业中停滞部门的"成本病"对总体经济增长的影响可能比早期模型（Baumol，1967）讨论的更加严重。Duernecker 和 Herrendrof 等（2017）参考 Baumol 和 Blackman 等（1985）的研究依据生产率增长率的高低把服务业分为进步服务业和停滞服务业，认为美国进步服务业和停滞服务业会同步发展，停滞服务业部门不会占领整个经济，未来服务业"成本病"会减弱。彭刚和李超（2022）也深入讨论了部门间的生产率异质性对服务业"成本病"的影响，指出在生产率增长率慢的部门普遍存在产品价格攀升过快的"成本病"问题。

对服务业的分类研究不止以上这些。Duarte 和 Restuccia（2010）按照相对价格的收入弹性将服务业分为市场服务业与非市场服务业，主要研究了相对价格与部门生产率之间的关系。例如，交通、运输和金融等为传统服务业，它们的相对价格随着收入的增加而下降；住房和医疗等为非传统服务业，它们的相对价格随着收入的增加而上升。Buera 和 Kaboski 等（2012，2015）则分析了高技术与低技术密集服务业[①]的结构转型与技术溢出，发现美国服务业主要是由高技术劳动力密集服务业的发展所驱动的。

2011 年之后，中国的服务业加速发展，逐渐成了经济的主要组成部门。

---

① Buera 和 Kaboski（2012）研究中的高技术劳动力密集服务业指：在 1940 年美国各服务业细分行业的就业构成中至少包含 12.5%的劳动力为受过大学教育的服务业行业。

本书将结合中国的统计数据，分析中国服务业"成本病"的影响因素，预测服务业"成本病"未来的发展趋势。

三、文献评述

伴随着实践的发展，结构转型与服务业发展的研究越来越丰富。服务业发展对经济增长影响的相关研究也有很多，其中备受关注的是服务业"成本病"理论。好的理论研究应该揭示发展本质、总结发展规律并指导实践。与服务业"成本病"相关的研究大体上满足以下几个特点。

第一，关于服务业"成本病"的研究大部分是基于发达国家情况进行的讨论，对发展中国家的研究相对较少。但是，随着世界经济的增长，发展中国家的服务业逐渐扩张，也开始面临着服务业"成本病"的困扰。中国作为最大的发展中国家，已经步入以服务业为主导产业的时代，对中国服务业"成本病"的研究十分必要。本书的研究主要聚焦于对中国服务业"成本病"的分析。

第二，由于服务业发展呈随时间不断变化的特点，且服务业"成本病"的判断标准不同，现有关于中国服务业"成本病"的研究得到了不同的结论。有研究显示中国不存在服务业"成本病"，如 Qin（2006）、庞瑞芝和邓忠奇（2014）等；也有文献指出中国存在服务业"成本病"，如程大中（2008）、宋建和郑江淮（2017）等。此外，已有文献主要是判断中国是否存在服务业"成本病"，对服务业"成本病"大小的测算及其影响因素的量化分析还很少。基于此，本书同时结合需求的收入弹性及价格弹性、部门间的相对生产率及增长率变化、服务业的份额变化及相对价格等因素，初步判断中国存在服务业"成本病"。进一步地，本书将测算服务业"成本病"的大小，并量化分析服务业"成本病"的影响因素。

第三，基于 Baumol（1967）的服务业"成本病"理论已有相关的拓展研究，本书将结构转型模型中的最新进展应用于服务业"成本病"的研究，从非位似偏好的刻画、投资结构的讨论和服务业内部结构分类三个角度拓展

Baumol 的非平衡增长模型。从非位似偏好刻画的角度，本书将在 Boppart（2014）研究的基础上，把 PIGL 效用函数和常替代弹性的非位似偏好效用函数引入用两部门增长模型，刻画中国的结构转型，并讨论需求弹性和收入效应对服务业"成本病"的影响。从投资结构的角度，借鉴 Herrendorf 和 Rogenson 等（2020）的研究假设产品部门和服务部门都可以生产投资品，从投资结构、消费结构、增加值结构和就业结构等多方面度量中国的结构转型与服务业的发展，并刻画投资结构变化对服务业"成本病"的影响。从服务业内部结构分类的角度，参考 Duernecker 和 Herrendrof 等（2017）的方法将服务业内部细分行业分为两类：生产性服务业和生活性服务业，分析中国这两类服务业的发展特点，对中国服务业"成本病"进行测算并对其未来的发展做相应的预测。

本章小结

发展服务业是满足人民日益增长的美好生活需要的内在要求。本章主要梳理了服务业的发展、服务业结构度量、服务业生产率度量及服务业"成本病"的相关文献。结合服务业"成本病"理论和相关研究发现，中国作为发展中国家也极有可能会受到服务业"成本病"的困扰。随着服务业的扩张，其在中国经济社会发展中的作用日益突显。了解服务业的发展历程和分类、明晰服务业发展的度量方法、厘清服务业扩张与经济发展的关系，是促进服务业健康发展与经济高质量增长的必做功课。如果劳动生产率增长率较低的服务业的扩张会拉低总体经济增长的速度，则应该重新考虑以往促进结构优化的相关政策。

已有大量文献证明了服务业"成本病"的存在，但是关于服务业的相关研究还有一些争议。例如：服务业的生产效率真的低吗？服务业"成本病"是否无法避免？服务业"成本病"的影响因素有什么？笔者在接下来的几个章节中将结合中国的统计数据和包含结构转型的一般均衡模型对服务业"成本病"理论进行拓展研究，试图回答这些问题。

第三章

———— 中国服务业发展特征 ————

结构转型在不同地区或时间会呈现出不同的特征，对其的研究有助于了解服务业的发展路径并制定更加合适的产业政策。本章主要从以下三个角度研究中国服务业发展的特征：第一，从时间维度分析中国服务业发展的特点，并总结其阶段性的变化规律；第二，在空间维度讨论中国服务业发展的特点，总结其区域性的发展规律；第三，对中国服务业的发展进行国际对比，特别是与同中国产业结构类似的国家相比较。通过对中国和跨国统计数据的分析发现，中国的产业结构在不同阶段的变化幅度较大，同一时期不同区域的结构分布差异相对不大。归纳就业结构的变化规律发现，中国属于结构发展中国家；与其他结构发展中国家相比，中国的服务业发展存在相对滞后的问题。

一、中国不同时间段的服务业发展特征

在 18 世纪，农业是吸收大部分劳动力和贡献大部分产值的经济部门。法国重农学派的创始人 Quesnay 强调了农业部门的重要性，认为唯有农业能够创造利润。从 18 世纪下半叶开始，工业革命使得生产技术由手工作业向机器工厂转变；工业开始兴起，创造了巨大的生产力，生产效率空前增长。进一步地，随着收入的增加、生活水平的提高与生产技术的进步，专业分工也越来越细，服务业逐渐发展壮大。当今世界，服务业不仅逐渐成长为一国经济的主要组成部门，也越来越成为各国发展的重点。各发展中国家在加快工业化进程的同时，也极力加强服务业的发展；发达国家在实行"再工业化"的过程中，也着力保持在服务业的领先优势。服务业日益成为引领转型升级的新引擎和促进经济发展的新增长极。

本部分从时间维度讨论中国服务业发展的特点，结合经济增长的周期性特征，将改革开放以来到现在的时期分为四个阶段，讨论中国经济增长与三次产业的就业结构、增加值结构和服务业相对劳动生产率的阶段性变化特征。图 3-1 展示了中国经济增长速度及三次产业对其的拉动，表 3-1 至表 3-4 分别介绍四个阶段中三次产业的就业人数、增加值和服务业相对劳动生产率的分布。

基于图 3-1 中经济增长的周期性特点，将 1978 年到 2019 年分为四个阶段：第一阶段为 1978～1990 年，第二阶段为 1991～2001 年，第三阶段为 2002～2011 年，第四阶段是 2012～2019 年[①]。本章主要分析中国三次产业在每个阶段的就业人数与增加值的分布情况，总结三次产业结构转型的规律，并主要关注服务业的发展特征。从图 3-1 可以发现，在 2013 年之前，工业

---

① 本书基于经济增长的周期性特点和三次产业的就业结构、增加值结构和服务业相对劳动生产率的变化特点对中国改革开放以来的时期进行了四阶段划分。王强（2018）按就业结构变化将中国改革开放以来的结构转型分为四个阶段，第一阶段为 1978～1992 年，第二阶段为 1993～2002 年，第三阶段为 2003～2010 年，第四阶段是 2011～2016 年；本书的阶段划分结果与他的相似。

是拉动我国经济增长的主要动力；之后工业的拉动作用下降，服务业超过工业成为主动力。中国经济在未来能否持续增长与服务业发展关系密切。下文将主要讨论中国服务业发展的阶段性特征。

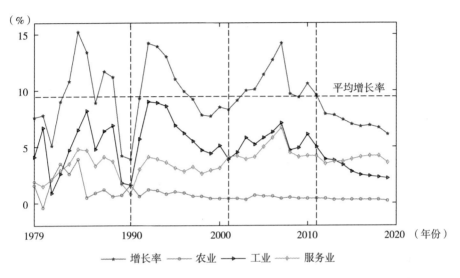

图3-1　中国经济增长速度及三次产业对其的拉动

注：数据来源于历年《中国统计年鉴》。经济增长速度由以上一年价格为基期的实际国内生产总值计算得到。

（一）第一阶段：1978～1990年

1978年党的十一届三中全会召开，标志着中国进入经济改革新时期，这是中国现代化发展的关键时间点。十一届三中全会以后，全党工作的关注点逐渐转移到社会主义现代化建设中，经济建设也成了工作的重点。为加快经济发展，以邓小平同志为核心的党的第二代中央领导集体开始逐一解决现实中存在的问题。这场改革在经济方面的进步率先在农村取得了突破，并迅速在全国各个领域推行。改革开放刺激了生产的积极性，大量劳动力由农业部门转移到非农业部门，中国的人口开始了史无前例的大规模运动。

1978～1990年为改革开放初期。表3-1展示了这一时期中国三次产业的就业人数、增加值和服务业相对劳动生产率的变化。

表 3-1　1978~1990 年中国三次产业发展情况

年份	农业就业人数	工业就业人数	服务业就业人数	农业增加值	工业增加值	服务业增加值	服务业相对劳动生产率
1978	28318	6945	4890	1019	1755	905	2.4
1979	28634	7214	5177	1259	1925	916	2.3
1980	29122	7707	5532	1360	2205	1023	2.1
1981	29777	8003	5945	1546	2269	1121	2.2
1982	30859	8346	6090	1762	2398	1214	2.3
1983	31151	8679	6606	1961	2663	1397	2.2
1984	30868	9590	7739	2296	3125	1858	2.0
1985	31130	10384	8359	2542	3886	2671	2.0
1986	31254	11216	8811	2764	4515	3097	2.0
1987	31663	11726	9395	3205	5274	3696	2.0
1988	32249	12152	9933	3831	6607	4742	2.0
1989	33225	11976	10129	4228	7301	5651	2.0
1990	38914	13856	11979	5017	7744	6112	2.0

注：数据来源于历年《中国统计年鉴》。就业人数的单位为万人，增加值的单位为亿元。服务业相对劳动生产率指服务部门的劳动生产率与产品部门的劳动生产率的比值，产品部门包括农业和工业。劳动生产率由各产业的实际增加值（以 1978 年为基期）除以就业人数得到。下同。

由表 3-1 可发现：第一，1978~1990 年，中国三次产业的就业人数都增长了，这一期间总体就业人数一直保持较大规模的增长。第二，对比 1978 和 1990 年各产业就业人数和增加值可发现，在就业人数方面，农业的就业总人数由 1978 年的 28318 万人增长到 1990 年的 38914 万人，增加了 37.4%；工业的就业人数增长了 99.5%；服务业的就业人数增长幅度最大，为 145.0%。在增加值方面，服务业名义增加值的增幅也最大。第三，1978~1990 年服务业相对劳动生产率均不小于 2，但该值在缓慢下降，意味着与产品部门相比，服务部门的劳动生产率更高，但这一时期内服务部门的劳动生产率增长更慢。

（二）第二阶段：1991~2001 年

市场经济体制对经济发展和结构转型影响巨大，经济体制改革也是产业结构转型的重要动力。1992 年邓小平提出要建立社会主义市场经济体制，同年党的十四大会议上正式确立了这一经济体制为改革的目标。1993 年党的十四届三中全会通过了《关于建立社会主义市场经济体制若干问题的决定》，确定了社会主义市场经济体制的基本结构，设立了社会主义市场经济体制改革的多项工作。在此之后，中国的工业和服务业得以加速发展。表 3-2 展示了 1991~2001 年中国三次产业的就业人数、增加值和服务业相对劳动生产率的变化。

表 3-2　1991~2001 年中国三次产业发展情况

年份	农业就业人数	工业就业人数	服务业就业人数	农业增加值	工业增加值	服务业增加值	服务业相对劳动生产率
1991	39098	14015	12378	5289	9130	7587	1.9
1992	38699	14355	13098	5800	11725	9669	1.7
1993	37680	14965	14163	6888	16473	12313	1.5
1994	36628	15312	15515	9472	22453	16713	1.3
1995	35530	15655	16880	12021	28677	20643	1.2
1996	34820	16203	17927	13878	33827	24108	1.1
1997	34840	16547	18432	14265	37545	27905	1.1
1998	35177	16600	18860	14619	39018	31559	1.1
1999	35768	16421	19205	14549	41080	34936	1.1
2000	36043	16219	19823	14717	45664	39899	1.1
2001	36399	16234	20165	15503	49659	45701	1.1

观察表 3-2 可以发现，第二阶段的三次产业发展呈现出了与上一阶段不同的特点。第一，与第一阶段三次产业的就业人数均呈增加趋势相比，这一阶段农业的就业人数呈先下降后又回升的特点。从农业转出的劳动力更多的是转入到了服务业；服务业就业人数保持较快增长，并于 1994 年超越工业。第二，得益于市场经济体制改革的推动，中国的工业和服务业得到了极大的发展，工业和服务业的增加值加速提高，增长速度均快于农业。第三，服务业相对劳动生产率持续下降，说明服务部门的劳动生产率增长率低于产品部门。在 2001 年服务业相对劳动生产率下降为 1.1，由此可知 2001 年服务部门的劳动生产率与产品部门的劳动生产率大小相近。但是，如果这一相对劳

动生产率继续下降，则服务部门的劳动生产率水平会位于产品部门之下，就业份额逐渐扩张的服务业可能会拉低总体的劳动生产率水平，不利于总体经济的增长。

（三）第三阶段：2002~2011 年

2001 年中国加入世界贸易组织，开启了更深层次的对外开放格局，中国制造走向世界。2010 年中国成为世界第二大经济体，这个过程的主要推动力就是工业的发展。与西方国家近两百年的工业化过程相比，中国的工业化是一个压缩式的过程，因此转型升级就显得尤为重要。2002~2011 年是中国的工业化加速发展时期，表 3-3 展示了这一时期中国三次产业的就业人数、增加值和服务业相对劳动生产率的变化。

表 3-3　2002~2011 年中国三次产业发展情况

年份	农业就业人数	工业就业人数	服务业就业人数	农业增加值	工业增加值	服务业增加值	服务业相对劳动生产率
2002	36640	15682	20958	16190	54104	51423	1.0
2003	36204	15927	21605	16970	62696	57756	1.0
2004	34830	16709	22725	20904	74285	66651	0.9
2005	33442	17766	23439	21807	88082	77430	0.9
2006	31941	18895	24143	23317	104359	91762	0.9
2007	30731	20186	24404	27674	126631	115788	0.9
2008	29923	20553	25087	32464	149953	136828	0.9
2009	28891	21080	25857	33584	160169	154765	0.8
2010	27931	21842	26332	38431	191627	182062	0.8
2011	26594	22544	27282	44782	227035	216124	0.7

由表 3-3 可发现以下特点：第一，从就业人数的角度看，农业就业人数持续下降，工业和服务业的就业人数稳步上升。2011 年服务业的就业人数高于农业，成为三次产业中吸纳最多社会就业的部门。第二，工业增加值依旧在三次产业中排名第一，但是与服务业的水平越来越接近。第三，2004 年服

务业相对劳动生产率下降到 1 以下，为 0.9，说明服务部门的劳动生产率已经低于产品部门。并且，服务业相对劳动生产率持续下降，到 2011 年下降为 0.7，由此可知，服务部门的劳动生产率增长率与产品部门相比增速更慢。

（四）第四阶段：2012～2019 年

2012 年后中国服务业加速发展。服务业是国民经济的重要组成部分，服务业的发展水平是衡量现代社会经济发达程度的重要标志。加快发展服务业，是满足人民日益增长的物质文化需要的迫切任务，是推进经济结构转型的必由之路，是适应对外开放新形势的有效途径。为此，国务院在加快发展服务业及现代性、高技术和生产性服务业方面出台了若干政策措施，把加快发展服务业作为一项重大而长期的战略任务。

表 3-4 显示在第四阶段中国三次产业的发展呈现如下特点：第一，从就业角度看，农业就业人数持续下降，工业就业人数缓慢下降，服务业就业人数则快速上升。第二，继 2011 年服务业成为三次产业中吸纳社会就业的第一大部门之后，2012 年服务业的增加值也超过工业，成为增加值份额最大的产业。第三，服务业相对劳动生产率不断下降，到 2019 年降为 0.5，说明服务部门的劳动生产率增长率持续低于产品部门的劳动生产率增长率。

表 3-4　2012～2019 年中国三次产业发展情况

年份	农业就业人数	工业就业人数	服务业就业人数	农业增加值	工业增加值	服务业增加值	服务业相对劳动生产率
2012	25773	23241	27690	49085	244639	244856	0.7
2013	24171	23170	29636	53028	261952	277984	0.7
2014	22790	23099	31364	55626	277283	310654	0.6
2015	21919	22693	32839	57775	281339	349745	0.6
2016	21496	22350	33757	60139	295428	390828	0.6
2017	20944	21824	34872	62100	331581	438356	0.6
2018	20258	21390	35938	64745	364835	489701	0.5
2019	19445	21304	36721	70467	386165	534233	0.5

中国三次产业的发展在四个阶段中呈现不同的特点。整体而言，第一

阶段是改革推进的初步时期，改革开放刺激了人们生产的积极性，三大产业均在扩张；第二阶段为改革深化的时期，市场经济体制激活了经济活力，中国的工业和服务业得到了极大的发展；第三阶段是工业化加速发展时期，工业增加值在三次产业中保持排名第一；第四阶段为服务业加速发展时期，服务业增加值和就业人数均超过工业和农业，中国逐渐步入服务经济时代。

二、中国不同地区的服务业发展特征

本部分将基于 1978~2018 年中国 31 个省份三次产业的数据从空间维度分析中国服务业发展的区域性特点，数据依据《新中国六十年统计资料汇编》、历年的《中国统计年鉴》和各省份的统计年鉴等资料整理得到。1978~2008 年各省份分行业的数据主要来自于《新中国六十年统计资料汇编》，2009~2018 年的数据则主要源于各省份的统计年鉴。由于中国港、澳、台地区的数据缺失，因此本书只分析 31 个省份的结构转型。数据主要包含增加值、增加值指数及就业人数等变量；由增加值及其指数计算得到不变价的实际增加值，实际增加值以观测期第一年的价格为基期。对于极少数的缺失数值，参考已有数据采用均值法对其进行补齐。例如，缺失内蒙古自治区和山东省 1979 年的分行业就业数据，将两地 1978 年和 1980 年的三次产业就业份额数据取平均得到 1979 年的三次产业就业份额数据。

在测度结构组成时从两个角度进行对比分析。第一，按照我国常规的地区分类方法，将 31 个省份分为六大地区：华北、东北、华东、中南、西南和西北；通过计算各地区每年服务业就业份额和名义增加值份额的平均值，发现各地区之间就业结构和增加值结构存在一定差异，但结构转型路径有很大的相似性。第二，按照就业结构变迁的历程和所处阶段将中国 31 个省份分为三类：结构发达省份、结构发展中省份和结构欠发达省份，并总结三类间的特征和差异，发现中国服务业发展存在的问题。

（一）中国六大地区的服务业发展特征

从结构转型的角度来看，中国不同区域的产业结构转型路径并不相同；不同区域间产业结构出现了发展不平衡的问题，这容易进一步阻碍经济的均衡发展。不同省份的结构组成差别较大，如2018年北京和上海的服务业就业份额分别为81.61%和66.75%，服务业发展迅速，就业结构与发达国家的较为接近。但是，一些中、西部地区省份依旧还有大量的劳动力分布在农业，工业和服务业发展相对较慢，2018年贵州和甘肃的服务业就业份额分别为27.75%和30.66%，不到北京和上海的一半。接下来参考Neuss（2018）的方法，从就业份额与名义增加值份额的角度分析中国六大地区的结构转型特征。

图3-2显示了中国六大地区产品部门和服务部门就业份额的变化特征。整体而言，中国六大地区均呈现服务部门就业份额不断上升、产品部门就业份额不断下降的特点，变化趋势差异不大。特别是中南、西南和西北地区的就业份额相似度较高，存在的结构性问题也类似。从就业分布的角度来看，全国大部分地区的服务业发展水平相对平衡，其中华北地区的服务业发展最为突出，2018年其就业份额已接近60%。

图3-3显示了中国六大地区产品部门和服务部门名义增加值份额的变化特征。总体而言，中国六大地区产品部门和服务部门的增加值份额变化路径相似，均呈现服务部门增加值份额不断上升、产品部门增加值份额不断下降的趋势。2011年之后，大部分地区服务部门增加值份额加速上升；到2018年，华北、华东、东北和中南地区的服务部门增加值份额已超过产品部门。

结合产品和服务两部门的就业份额与增加值份额的分布发现，中国各地区结构组成的差异相对较小。所以，对中国整体服务业的分析可以说明中国绝大部分地区的服务业发展情况。同时，考虑六大地区的区域分类标准相对较宽泛，下文主要分析中国31个省份三次产业的结构转型，更细致地讨论不同地区服务业发展情况的差异。

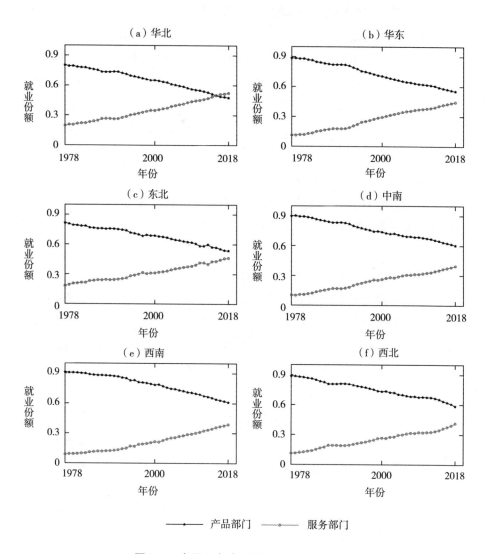

图 3-2 中国六大地区的就业结构变化情况

注：基于《新中国六十年统计资料汇编》、历年的《中国统计年鉴》和各省份的统计年鉴数据计算得到，图中数据为各地区所包含省份就业份额的平均值。产品部门包括农业和工业。下同。

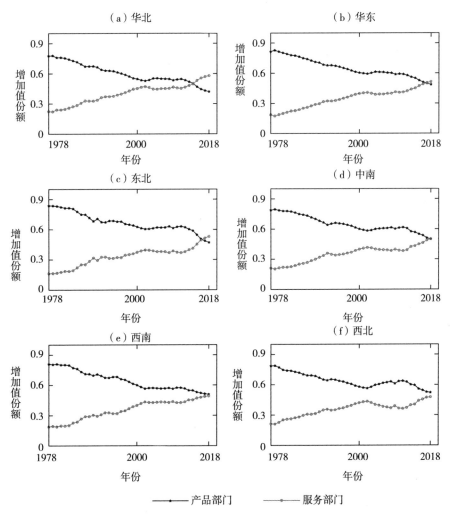

图 3-3　中国六大地区的增加值结构变化情况

（二）中国 31 个省份的服务业发展特征

参考 Sen（2019）的方法，依据中国 31 个省份三次产业就业结构变化的特点将它们分为三类：结构发达省份、结构发展中省份和结构欠发达省份。三次产业中农业就业份额为最低、服务业就业份额为最高或超过 40% 的省份属于结构发达省份；农业就业份额为最高或者工业就业份额很低的省份为结构欠发达省份；工业和服务业得以较快发展，但是农业依旧拥有较大就业份额的省份属于结构发展中省份。31 个省份三种结构类型的划分结果①具体如表 3-5 所示。

表 3-5 显示结构发达省份主要来自华北地区和华东地区。2018 年，结构发达省份服务业的就业份额均不小于 40%或超过制造业的就业份额，服务业均得到了较好发展，特别是北京、上海和天津的就业份额已经接近发达国家。结构发展中省份大部分来自中南地区和东北地区，其服务业的就业份额平稳上升；但是与结构发达省份相比，结构发展中省份服务业的就业份额依旧较小。结构欠发达省份则主要来自西南地区和西北地区，同时它们也是中国经济发展相对滞后的地区，工业和服务业发展均较缓慢。

表 3-5　中国 31 个省份结构转型的分类

类型	结构发达省份	结构发展中省份	结构欠发达省份
省份	北京、上海、天津、浙江、江苏、广东、福建	江西、山东、河北、河南、重庆、安徽、山西、四川、辽宁、吉林、黑龙江、湖北、青海、宁夏、湖南、陕西	西藏、海南、内蒙古、新疆、广西、贵州、云南、甘肃

注：笔者参考 Sen（2019）的方法，结合《新中国六十年统计资料汇编》、历年的《中国统计年鉴》和各省份的统计年鉴等有关资料中的地区分行业数据对比分析中国各个省份的就业份额得到此分类结果。

同理，参考上一节的方法将 1978 年以来的时间分为四个阶段讨论三种结构转型类型省份的就业份额分布，三种结构类型省份的就业份额平均值的情况如表 3-6 所示。观察表 3-6 发现，随着时间的推移，无论是结构发达、发展中还是欠发达省份的农业就业份额均在下降，其中结构发达省份的下降速度最快。三种结构转型类型省份的服务业就业份额均在上升，但变化幅度小于农业。

四个阶段中，结构发展中省份的工业和服务业就业份额的均值都小于结构发达省份，并且两者工业就业份额的差距在缩小，而服务业就业份额的差距在逐渐拉大。结构发达省份服务业的就业份额增长较快，在第三阶段，其服务业就业份额的均值超过了农业和工业，成为吸纳就业的主要部门。结构欠发达省份的就业结构满足农业就业份额下降、工业和服务业就业份额增长

———————

① 中国 31 个省份的三次产业就业份额分布情况在本章附录中以图片形式进行展示。

的特点，但是结构变化的速度非常缓慢。到第四阶段，结构欠发达省份的农业就业份额均值约为 49%，工业和服务业就业份额的均值则分别只有 15% 和 36%，工业和服务业发展相对滞后。对比三种结构转型类型在四个阶段中的表现，结构欠发达省份的结构变化幅度最小。

表 3-6　中国三种结构转型类型省份的就业份额

类型	时期	农业	工业	服务业
结构发达省份	1978~1990	0.44	0.34	0.22
	1991~2001	0.32	0.37	0.31
	2002~2011	0.20	0.37	0.42
	2012~2018	0.13	0.37	0.50
结构发展中省份	1978~1990	0.65	0.20	0.15
	1991~2001	0.54	0.22	0.23
	2002~2011	0.45	0.23	0.32
	2012~2018	0.36	0.26	0.38
结构欠发达省份	1978~1990	0.75	0.11	0.13
	1991~2001	0.66	0.13	0.21
	2002~2011	0.59	0.13	0.28
	2012~2018	0.49	0.15	0.36

注：表中数据由笔者基于《新中国六十年统计资料汇编》、历年的《中国统计年鉴》和各省份的统计年鉴等有关资料计算得到。表中数据为同一类型下中国 31 个省份三次产业就业份额的平均值。

三、中国服务业发展的国际比较

大部分国家的结构转型都满足"库兹涅茨事实"，但是不同国家的结构转型速度和时间点有很大的差异，这一差异对一个国家生产力的提高和经济的发展有很大的影响。本部分基于格罗宁根增长与发展中心（GGDC）10 部门数据库（Timmer 等，2015）分析不同国家和地区服务业发展的特点。GG-

DC 10 部门数据库包含 42 个国家（地区）1960~2010 年的 10 个行业的增加值和就业的数据，其中少数几个国家有 1950~2010 年的数据，另也有几个国家只包含 1970~2010 年的数据。42 个国家分别来自撒哈拉以南的非洲、北非与中东、亚洲、拉丁美洲、北美洲和欧洲，国际可比的部门层面数据为结构转型的国际比较分析提供了便利。本部分将各国 10 个部门的数据分别加总为农业、工业和服务业①，并分析各国三次产业就业结构的变化特征。

（一）与世界其他国家（地区）相比中国服务业发展特征

与中国各省份分类研究的方法相同，本部分参考 Sen（2019）的方法，依据 42 个国家（地区）三次产业就业份额的高低水平和变化情况将它们分为三类：结构发达国家（地区）、结构发展中国家（地区）和结构欠发达国家（地区）。三类结构转型类型的划分具体如表 3-7②所示。

表 3-7　42 个国家（地区）结构转型的分类

结构发达国家（地区）	结构发展中国家（地区）	结构欠发达国家（地区）
美国、新加坡、英国、荷兰、瑞典、丹麦、法国、意大利、西班牙、联邦德国（1960~1990）、中国香港、日本、委内瑞拉、阿根廷、智利、毛里求斯、中国台湾、韩国	南非、哥伦比亚、哥斯达黎加、玻利维亚、马来西亚、墨西哥、巴西、秘鲁、埃及、摩洛哥、博茨瓦纳、中国、印度尼西亚、泰国、加纳、菲律宾	肯尼亚、塞内加尔、印度、尼日利亚、赞比亚、马拉维、坦桑尼亚、埃塞俄比亚

注：笔者参考 Sen（2019）的方法，结合 GGDC 10 部门数据分析各个国家（地区）就业份额的特征得到这个分类结果。

表 3-7 展示了 42 个国家（地区）按照结构转型所处不同阶段的分类结果。第一，结构发达国家（地区）共包含 18 个国家，主要为一些发达国家，也包括一些发展中的新兴经济体，如 1960~1990 的联邦德国、中国香港和中国台湾。结构发达国家（地区）的就业份额中，农业是占比最小的部门，工

---

① GGDC 10 部门数据库中 10 个部门分别是：农林牧渔业，采矿和采石业，制造业，电力、燃气及水的生产和供应业，建筑业，批发零售及住宿餐饮业，运输、储存和通信业，金融、保险、房地产和商业服务业，政府服务，社区社会服务及个人服务业。农林牧渔业对应农业。采矿和采石业，制造业，建筑业，电力、燃气及水的生产和供应业加总为工业。后 5 个行业加总为服务业。

② 42 个国家（地区）的三次产业就业份额分布情况在附录中进行阐述。

业居中，服务业是占比最大的部门。第二，结构发展中国家（地区）一共有
16 个，分别来自非洲、亚洲和拉丁美洲，其中包括中国。结构发展中国家
（地区）大多数已经进入到以服务业为最大就业份额部门的阶段，农业是吸
纳就业的第二大部门。第三，结构欠发达国家（地区）包括 8 个国家，由来
自撒哈拉以南非洲的 7 个国家和印度组成。在结构欠发达国家（地区）中，
农业是吸纳社会就业的主要部门，工业和服务业的就业份额还处于很低的水
平。表 3-7 的分类结果说明结构转型与经济发展之间具有紧密的联系。表
3-8 为 1960~2010 年三个阶段三种结构转型类型的就业份额平均值。

表 3-8　三种结构转型类型国家（地区）的就业份额

类型	时期	农业	工业	服务业
结构发达国家（地区）	1960~1979	0.20	0.33	0.47
	1980~1999	0.10	0.30	0.60
	2000~2010	0.06	0.25	0.69
结构发展中国家（地区）	1960~1979	0.57	0.16	0.27
	1980~1999	0.41	0.20	0.39
	2000~2010	0.31	0.20	0.49
结构欠发达国家（地区）	1960~1979	0.78	0.07	0.15
	1980~1999	0.73	0.07	0.20
	2000~2010	0.67	0.09	0.24

注：笔者通过 GGDC 10 部门数据计算得到，表中数据为同一类型下各经济体三次产业就业份额
的平均值。

由表 3-8 可总结出如下信息。第一，结构发达国家（地区）农业的就业
份额较低，并持续下降，至第三阶段（2000~2010 年）农业的就业份额均值下
降为 6%，占总就业份额很小的一个部分。工业就业份额的均值在第一阶段高
达 33%，超过农业就业份额；从三个阶段工业就业份额的变化规律可发现，结
构发达国家（地区）的工业就业份额已经发展到了"驼峰状"的下降时期。
服务业的就业份额不断增加，从第一阶段的 47%增加到第三阶段的 69%，一直
是吸纳就业的主要部门。第二，结构发展中国家（地区）农业就业份额的均值
从第一阶段的 57%下降到第三阶段的 31%左右；工业平均就业份额不断增长，
还处于"驼峰状"的上升阶段；2000~2010 年，结构发展中国家（地区）的

服务业就业份额的均值为49%，服务业就业份额增长较快，逐渐超过农业和工业成为吸纳就业的主要部门。第三，结构欠发达国家（地区）服务业的就业份额在缓慢增长，水平依旧很低。总体而言，结构欠发达国家（地区）的经济结构不够合理，并且结构转型的动力不足，转型的速度很慢。

（二）与类似结构组成的国家（地区）相比中国服务业发展特征

在上面的分类中，中国属于结构发展中国家（地区）一类；下文将中国服务业的就业份额、增加值份额和服务业劳动生产率与其他结构发展中国家（地区）的平均水平进行对比（见图3-4）。

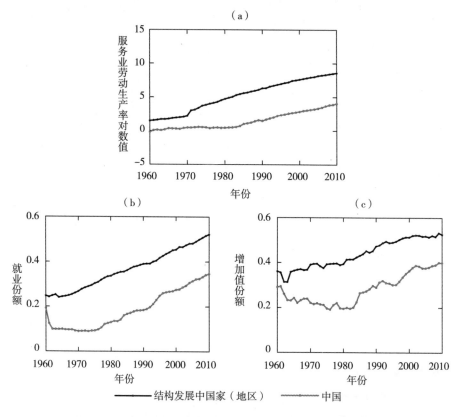

图3-4　中国服务业发展情况与结构发展中国家（地区）的对比

注：基于GGDC 10部门数据整理得到。图中结构发展中国家（地区）的数据为所有结构发展中国家（地区）的均值水平。

从图 3-4 可以发现，中国服务业的劳动生产率低于结构发展中国家（地区）的平均值，无论是就业份额还是增加值份额，中国的服务业发展水平也低于结构发展中国家（地区）的平均值。但值得注意的是，这里分析的时期是 1960~2010 年。上文的研究显示，中国服务业的增加值份额在 2011 年之后上升速度加快，开始了对同类结构转型国家的追赶。总体而言，在 2010 年之前，中国服务业发展相对滞后，且劳动生产率水平较低。

在中国服务业发展相对滞后的背景下，促进服务业发展是十分紧迫的任务，但更加关键的是要明确中国服务业发展的方式与方向。由于服务业内部细分行业之间具有较强的异质性，社会中技术最进步和最停滞的行业都属于服务业。如果服务业的扩张主要由低技术和低生产效率服务的扩张带来，则服务业越发展对总体经济增长的拖累也越大。考虑到低生产率增长率的服务业扩张会对整体经济增长带来负向影响，中国可以优先发展高技术服务业和生产性服务业。

本章小结

本章从国内分析和国际对比两个角度研究中国服务业发展的特征。国内分析又从时间和空间两个维度进行：时间维度上将改革开放以来到现在的时期分为四个阶段，讨论中国服务业发展的阶段性特征；空间维度上从中国六大地区和 31 个省份的角度分析中国不同地区服务业发展的差异。国际对比则通过研究六大洲 42 个国家（地区）的结构转型路径分析中国的服务业发展特点。研究有如下发现：

第一，总体而言，中国服务业在不断扩张。从不同时间段来看，1978~2019 年，中国经历了改革初期、改革深化期、工业化加速发展期和服务业快速发展期四个阶段，产业结构不断升级，在结构转型和经济发展等方面取得了巨大的成就。并且，由于中国结构转型的速度较快，不同时间段之间结构组成差异较大。

第二，对中国六大地区的两部门结构转型进行分析，发现不同地区的结构转型在变化方向上具有相似性，但是在结构变化的速度和发展的绝对程度上有所不同。此外，中国不同地区的结构组成差异较小，西南、西北与中南地区的服务业还有较大的发展空间。总体而言，从产品和服务两部门结构来看，中国不同地区的结构发展差异相对较小。

第三，按照就业结构变化的特征将 42 个国家（地区）分为三类：结构发达、结构发展中和结构欠发达国家（地区），其中中国属于结构发展中国家（地区）一类。但是与其他结构发展中国家（地区）服务业的就业份额、增加值份额和劳动生产率的均值相比，中国这些值的水平都更低。这说明在 2010 年之前，中国存在服务业发展滞后且劳动生产率较低等问题。

国家促进结构升级的政策应该"对症下药"，如果对服务业所处阶段和存在问题认识不够，很可能会导致促进服务业发展的措施难以取得预期效果。了解不同地区不同阶段的结构转型与服务业发展的特征，厘清服务业发展的路径与趋势并制定正确的政策，对促进中国服务业发展和经济增长会有很大的积极作用。

本章附录

参考 Sen（2019）的方法，按照就业份额将不同地区的结构转型分为三类：结构发达省份、结构发展中省份和结构欠发达省份。附图 3-1 至附图 3-3 展示了三种结构转型分类下中国 31 个省份的就业份额。附图 3-4 至附图 3-6 展示了三种结构转型分类下世界 42 个国家（地区）的就业份额。图中一些年份的数据空白由数据缺失所致。

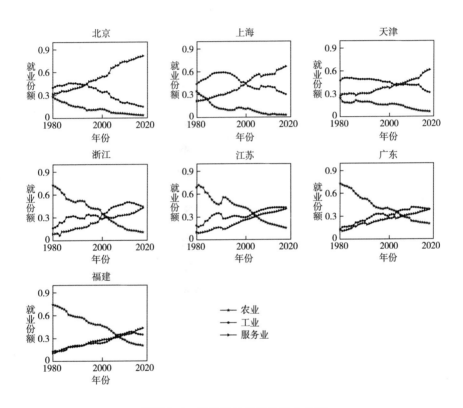

附图 3-1　结构发达省份的就业份额

注：笔者基于《中国统计年鉴》数据计算并整理得到，下同。

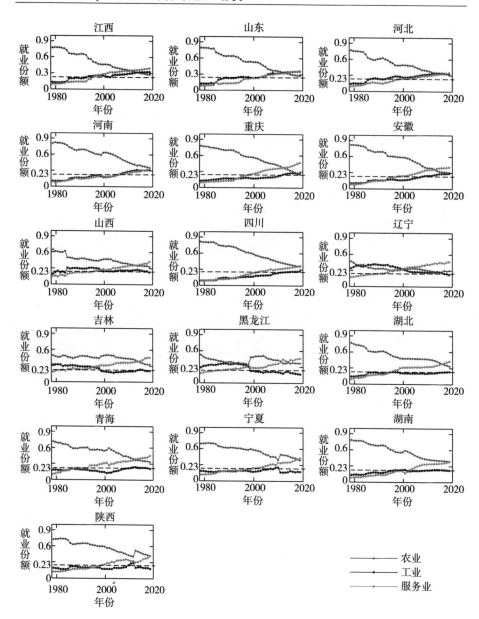

附图3-2　结构发展中省份的就业份额

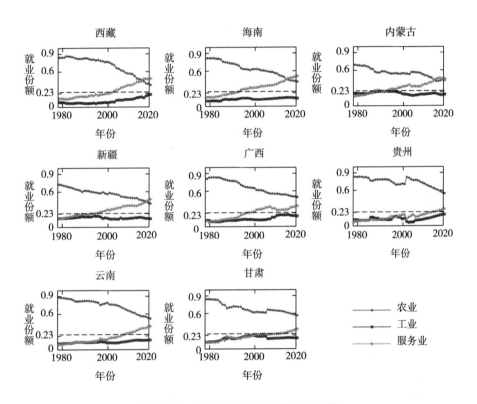

附图 3-3 结构欠发达省份的就业份额

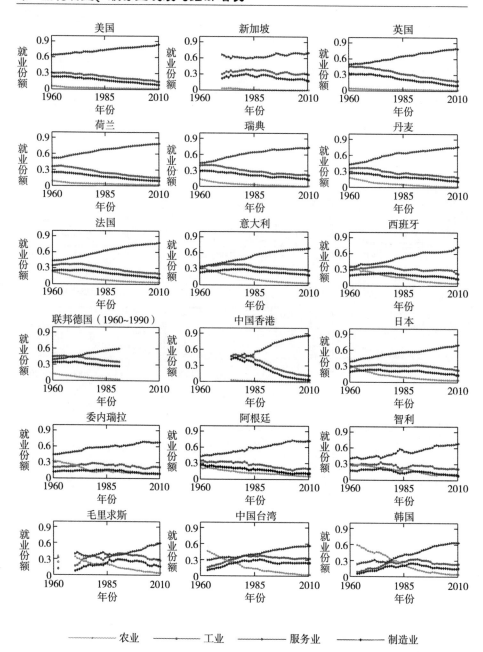

附图 3-4　结构发达国家（地区）的就业份额

注：笔者基于 GGDC 10 部门数据计算并整理得到，下同。

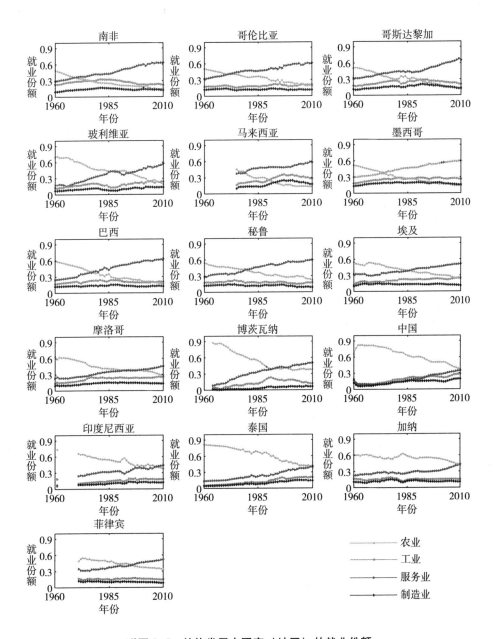

附图3-5 结构发展中国家（地区）的就业份额

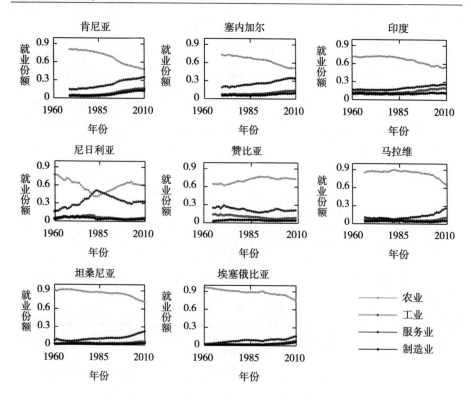

附图3-6 结构欠发达国家（地区）的就业份额

第四章

——服务业"成本病"的测算——

服务业"成本病"的相关研究主要是讨论其存在性和特点，关于服务业"成本病"大小测算的分析并不多。由于服务业扩张对经济增长的影响具有多面性和复杂性，因此直接测算服务业"成本病"存在一定难度。本章基于服务业发展的特点初步判断中国存在服务业"成本病"，并参考 Nordhaus（2002）、Duernecker 和 Herrendorf 等（2017）的方法通过分析服务业扩张对总体劳动生产率增长率的影响估算服务业"成本病"的大小。具体采用以下两种方法进行测算：通过固定结构分析劳动生产率增长率的变化来计算结构效应，以及通过分解劳动生产率增长率来计算鲍莫尔效应。测算结果发现，在大部分年份中结构效应和鲍莫尔效应均为负值，并且结构效应和鲍莫尔效应的值均在波动中不断下降，说明中国存在服务业"成本病"，并且服务业"成本病"有在波动中进一步"加重"的趋势。此外，由两种不同方法计算得到的服务业"成本病"大小和分布接近，说明计算方法相对可靠。

一、引言

Baumol（1967）的研究指出，服务业"成本病"是指随着服务业就业份额和产出份额的增加，由于服务业的生产率增长率低于制造业，其生产的相对成本会上升，从而将拉低总体经济生产率增长率，对经济增长产生负面影响。Baumol（2012）认为，长期来看，服务业"成本病"无法避免。

近年来，中国服务业的规模呈扩张趋势，其已成为经济中的主要组成部分。但是与美国等发达国家相比，中国服务业的规模还相对较小，仍有很大的发展空间。2012年之后，中国工业增加值上升的趋势不再持续，驼峰状的"峰值"有可能已经出现；这意味着服务业很可能已成为经济中唯一扩张的部门，未来服务业的发展方向将对整体经济增长有至关重要的影响。中国服务业发展的特点已在上一章中做了详细探讨，现进一步说明如下事实。通过将中国总体经济分为产品部门和服务部门，由《中国统计年鉴》公布的数据计算得到产品部门和服务部门的相关指标，如图4-1所示。

由图4-1可知，改革开放以来中国服务部门的名义增加值份额和就业份额逐渐上升，服务部门的劳动增长率（就业人数增长率）也不断提高，但是服务部门的劳动生产率增长率低于产品部门。在此背景下，低劳动生产率增长率的服务部门就业份额的扩张很有可能会拉低中国总体经济的劳动生产率增长率。如果服务部门的需求为缺乏价格弹性或富有收入弹性，则收入上升或服务相对价格的上涨会带来服务消费支出份额的增加，最终阻碍中国经济的增长。笔者结合服务业的发展趋势、服务的相对价格及服务业生产率增长率等变化特点初步判断，中国存在服务业"成本病"。

如果服务业"成本病"确实无法避免，了解服务业"成本病"的机理和中国的现实情况对于理解服务业发展与经济增长来说无疑是有利的。在初步判断中国出现了服务业"成本病"的基础上，本章通过量化分析服务业扩张对总体劳动生产率增长率的影响来估算服务业"成本病"的大小。为了避免计算结果片面或出现错误，笔者将采取两种不同的计算方法，并结合中国

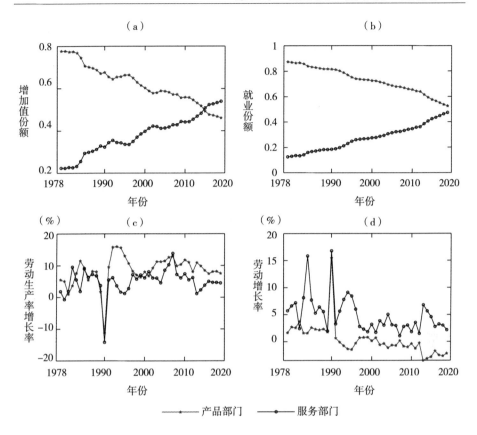

图 4-1 中国产品部门与服务部门的发展特征

注：根据《中国统计年鉴》的数据计算得到。由于 1990 年及以后的就业人员数据根据劳动力调查、人口普查推算得到，与之前的统计口径不同，所以劳动生产率增长率和劳动增长率的值在 1990 年出现了跳跃；下同。

不同时期及不同行业分类标准下的统计数据估算中国服务业"成本病"。两种方法分别为通过固定结构分析劳动生产率增长率的变化来计算结构效应和通过对劳动生产率增长率的分解来计算鲍莫尔效应，具体讨论如下。

二、结构效应度量服务业"成本病"

服务业发展对经济增长的影响比较复杂，故服务业"成本病"的大小难以直接计算得到。本部分参考 Duernecker 和 Herrendorf 等（2017）的分析方法通过计算劳动生产率增长率的结构效应来估算服务业"成本病"的大小。结合《中国统计年鉴》中不同部门的名义增加值、实际增加值和就业人数数据，整理得到每个部门的劳动生产率、增加值份额和就业份额；并且，通过计算实际增加值与就业人数之比得到劳动生产率。对于任意变量 X 定义其增长率为：

$$\Delta \log(X_t) = \log(X_t) - \log(X_{t-1})$$

总体劳动生产率 LP（Labor Productivity）等于实际增加值 Y 除以总就业 L。令 $S(Y_{it})$、$S(L_{it})$ 分别代表第 t 期 i 行业的名义增加值份额和就业份额，将总体劳动生产率增长率分解到各行业的劳动生产率增长率的加权，可以推导得到[①]：

$$\Delta \log(LP_t) = \sum_{i=1}^{n} S(Y_{it}) \Delta \log(LP_{it}) + \sum_{i=1}^{n} \left[S(Y_{it}) - S(L_{it}) \right] \Delta \log(L_{it})$$

$$(4.1)$$

若将名义增加值结构和就业结构固定在基期（$t=0$）不变，基于上式得到固定结构下总体劳动生产率的增长率为：

$$\Delta \log(LP_t(0)) = \sum_{i=1}^{n} S(Y_{i0}) \Delta \log(LP_{it}) + \sum_{i=1}^{n} \left[S(Y_{i0}) - S(L_{i0}) \right] \Delta \log(L_{it})$$

$$(4.2)$$

定义结构效应（Structural Effect）为劳动生产率增长率的实际值与固定结构下的劳动生产率增长率之差，度量结构变化对总体劳动生产率增长率的影响。

$$Structural\ Effect = \Delta \log(LP_t) - \Delta \log(LP_t(0)) \qquad (4.3)$$

若结构效应为正值，说明结构固定在基期不变时的总体劳动生产率增长率低于其真实值。若结构效应为负值，则结构固定在基期不变时的总体劳动生产率增长率比有结构变化下的真实的总体劳动生产率增长率高，此时存在服务业"成本病"。本部分用结构效应估算服务业"成本病"的大小。

在 1978~2019 年的 42 年，中国经济发展经历了不同阶段。为了进一步分析结构变化对总体劳动生产率增长率的影响，本部分还计算了将名义增加值份额和就业份额固定在观测期最后一年的总体劳动生产率增长率。为了考

---

① 具体的推导过程见本章附录。

虑结构效应是否与基期结构组成和部门划分方法有关, 接下来分别从不同时间段和不同结构划分方法的角度计算结构效应。

(一) 1978~2019 年中国两部门的结构效应

经济发展在不同的阶段呈现不同的特征, 产业结构的组成也同样随着时间的推移而不断变化。参考本书第三章的研究方法, 将 1978~2019 年分为四个阶段, 讨论结构效应的阶段性变化差异。笔者根据上文讨论的方法由式 (4.1) 和式 (4.2) 计算 1978~2019 年中国总体劳动生产率增长率的真实值和将两部门结构固定在基期与最后一期时的总体劳动生产率增长率的模型值, 这三个数据在四个阶段的平均值展现在表 4-1 中。其中, 表 4-1 的最后一列为对应时间段的结构效应, 由式 (4.3) 计算得到。

表 4-1 两部门结构下劳动生产率增长率的结构效应 单位:%

时期	现实数据	结构固定在 1978 年	结构固定在 2018 年	结构效应
1978~1990	4.73	4.74	4.16	-0.01
1991~2001	9.24	9.84	7.91	-0.60
2002~2011	10.02	10.73	9.47	-0.71
2012~2019	6.80	8.15	6.53	-1.34
1978~2019	7.64	8.23	6.93	-0.60

注: 表中结果由笔者基于 《中国统计年鉴》 数据计算得到, 表中各数值为该阶段内各年份的平均值。结构效应为总体劳动生产率增长率的现实数据与将结构固定在 1978 年的总体劳动生产率增长率模型值之差。下同。

分析表 4-1 的结果可得到以下几个特点。第一, 1978~2011 年, 中国经济处于高速发展的阶段, 总体劳动生产率增长率一路攀升, 由第一阶段的 4.73% 到第三阶段增长为 10.02%。在第四阶段, 总体劳动生产率增长率开始出现下降, 平均增长率又降回到 6.80%。第二, 整体而言, 固定结构在基期的劳动生产率增长率高于劳动生产率增长率的真实数据, 而劳动生产率增长率的真实数据又高于固定结构在末期的劳动生产率增长率; 在观测期的末期, 服务业的就业份额和增加值份额都很高, 说明服务业规模越大, 其对总体劳动生产率增长率的负面影响也越大。第三, 第一阶段结构效应为 -0.01%,

到第四阶段结构效应为-1.34%；四个时间段的劳动生产率增长率的结构效应均为负值，并且结构效应的负作用有逐渐增加的趋势。这背后的原因来自于基期产品部门的高份额和高生产率增长率。结合图4-1可知，1978年产品部门的增加值份额高达77.7%，且1978~2019年中的大部分年份产品部门的劳动生产率增长率均高于服务部门。由此可知，将增加值份额固定在1978年会使得式（4.2）等号右边第一项的值高于式（4.1）等号右边第一项的值。因此，以劳动生产率增长率更低的服务部门扩张为特点的结构变化无法促进总体劳动生产率增长率的提高。

为更加具体地分析劳动生产率增长率的结构效应，在图4-2中画出了各年结构效应的柱状图，分析其每年的变化情况。观察图4-2发现，1978~2019年大部分年份的结构效应均为负值，并且结构效应的绝对值呈现随时间推移而增加的趋势，说明由服务业扩张带来的服务业"成本病"变得更加严重。例如，2013年的结构效应为-2.53%，意味着与1978年的结构相比，结构变化使2013年的总体劳动生产率增长率下降了2.53%。如果未来服务部门继续扩张且服务部门的劳动生产率增长率依旧低于产品部门，则未来的结构变化对总体劳动生产率增长率的负面影响将会更大，服务业"成本病"将更严重。

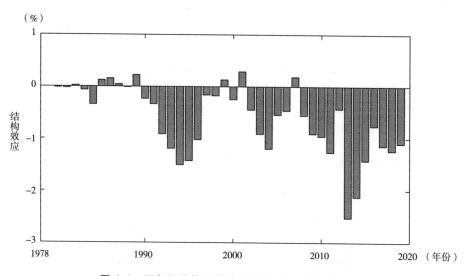

图4-2　两部门结构下劳动生产率增长率的结构效应

（二） 2004～2017 年中国 19 个行业的结构效应

为确保结构效应的结果不受部门和时间段划分的影响，接下来分析 2004～2017 年中国 19 个行业的结构效应。19 个细分行业中包括农业，采矿业，制造业，电力、燃气及水的生产和供应业，建筑业及 14 个服务行业。与两部门结构相比，19 个行业的结构不仅可以刻画产品部门和服务部门增加值份额和就业份额的变化，还可以刻画更细的结构转变，如农业与工业间及服务业内部各行业间的结构转型。《中国统计年鉴》公布了中国 19 个细分行业的就业人数、名义增加值和增加值指数等统计数据，由此可以整理得到中国 2004～2017 年 19 个细分行业的数据。笔者利用增加值指数和名义增加值计算得到以 2004 年价格为基期的分行业实际增加值，用实际增加值和就业数据计算劳动生产率及其增长率，用名义增加值数据计算增加值份额。接下来，结合式（4.3）和这一组数据进一步分析 2004～2017 年中国 19 个行业下总体劳动生产率增长率的结构效应，计算结果如表 4-2 和图 4-3 所示。

表 4-2 汇报了 2004～2017 年三个不同时间段和整体时期的劳动生产率增长率及其结构效应。分析表 4-2 中的数据可以得到以下结论。第一，2004～2017 年中三个时间段的劳动生产率增长率的平均值在逐渐下降，这对中国总体经济发展十分不利。第二，这一期间不同时间段内结构固定在 2004 年的劳动生产率增长率是三种情况下最高的，结构固定在 2016 年的劳动生产率增长率是三种情况下最低的，因此结构效应均为负且其负向影响在逐渐扩大。这说明此期间存在服务业"成本病"，并且服务业"成本病"的负效应在不断增强。结合服务业的劳动生产率增长率最低、服务业的相对价格上涨

表 4-2　19 个行业结构下劳动生产率增长率的结构效应　　单位：%

时期	现实数据	结构固定在 2004 年	结构固定在 2016 年	结构效应
2004～2008	11. 12	11. 26	10. 30	−0. 14
2009～2012	8. 68	9. 21	7. 82	−0. 52
2013～2017	6. 81	7. 74	6. 40	−0. 92
2004～2017	8. 71	9. 28	8. 03	−0. 56

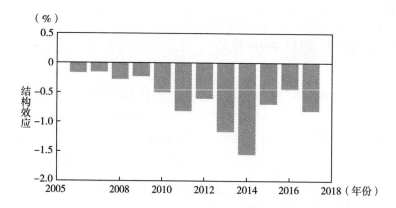

图 4-3　19 个行业结构下劳动生产率增长率的结构效应

最快、服务业增加值份额和就业份额增加最快等特点，如果未来中国服务业继续扩张，服务业"成本病"对整体经济增长的负向影响将会越来越严重。

　　与上文中研究结论进行对比分析可以发现，19 个行业结构下的劳动生产率增长率的结构效应显示出了与两部门结构下的不同特点。第一，结构效应的大小不同。在两部门结构下，劳动生产率增长率的结构效应绝对值的最大值出现在 2013 年，为 2.53；在 19 个行业的结构下，结构效应绝对值的最大值出现在 2014 年，为 1.54。后者的值更小，这是因为所考虑的时间段更短，结构变化的幅度较小，所以结构效应的绝对值更小。第二，计算结构效应时反事实分析的参考期不同。由于中国每年的结构组成都在发生变化，1978 年和 2004 年的结构组成更是相差较大，虽然参考期的选取对结构效应的相对大小影响不大，但是会影响结构效应的绝对值大小。

　　但是无论参考期取在 1978 年还是 2004 年，无论结构划分是采用两部门组成或是 19 个行业组成，这两种情况下的结构效应也有相同点。第一，总体劳动生产率增长率的结构效应大体上均为负数，说明结构效应对总体劳动生产率增长率带来的影响都是负面的。在 1978～2019 年的两部门结构分析下，虽然有少数几个年份的结构效应为正值，但是值都很小，没有改变其整体为负的状况。第二，两种情况下结构效应都呈现相似的分布：结构效应整体均为负数，且均呈现出波动中继续下降的特点。进一步地，当只考虑 2004～2017 年的结构效应时，两部门结构下的结果与 19 个行业结构下的结果较为接近。

三、鲍莫尔效应度量服务业"成本病"

与上文将结构固定在基期的反事实分析不同的是，本部分主要参考 Nordhaus（2002）从对劳动生产率增长率进行相应分解的角度分析结构变化对劳动生产率增长率的影响。基于式（4.1），在等号右边同时加上也减去一项：$\sum_{i=1}^{n} S(Y_{i0})\Delta\log(LP_{it})$，整理得到：

$$\Delta\log(LP_t) = \sum_{i=1}^{n} S(Y_{0t})\Delta\log(LP_{it}) + \sum_{i=1}^{n} \left[S(Y_{it}) - S(Y_{0t}) \right]\Delta\log(LP_{it}) +$$

$$\sum_{i=1}^{n} \left[S(Y_{it}) - S(L_{it}) \right]\Delta\log(L_{it}) \tag{4.4}$$

式中，$\sum_{i=1}^{n} S(Y_{i0})\Delta\log(LP_{it})$ 这一项所选的是 $t = 0$，即将基期作为参考期，把各年份结构组成与第一年的进行对比来衡量结构变化幅度。虽然中国的产业结构每年都在发生变化，但是参考期的选取对鲍莫尔效应的大小带来相对细微的影响。Nordhaus（2002）把劳动生产率增长率分解为三项，如式（4.4）所示。等号右边的第一项刻画的是在各行业的名义增加值份额保持在参考期不变的情况下劳动生产率的增长，称为纯生产率效应（Pure Productivity Effect）。等号右边第二项刻画了各行业名义增加值份额与参考期相比的变化和各行业劳动生产率增长的交互效应。这种效应由 Baumol（1967）提出，他认为低生产率增长率部门的扩张会带来总体生产率增长率的下降，因此，将这种效应称为鲍莫尔效应（Baumol Effect）。等号右边第三项刻画了名义增加值份额与就业份额的变化差异，称其为丹尼森效应（Denison Effect）。Denison（1969）提出，即使所有行业的生产率增长率均为 0，若生产要素从低生产率部门转移到高生产率部门，仍会带来总体生产率的增长。

根据式（4.4），鲍莫尔效应为：

$$\textit{Baumol Effect} = \sum_{i=1}^{n} \left[S(Y_{it}) - S(Y_{0t}) \right]\Delta\log(LP_{it}) \tag{4.5}$$

下文分别从不同时间跨度和不同结构划分方法的角度对中国总体劳动生

产率增长率进行分解，并着重分析其中的鲍莫尔效应。

（一）1978~2019 年中国两部门的鲍莫尔效应

利用《中国统计年鉴》的公开数据，通过产品部门和服务部门的名义增加值、实际增加值、就业数据和式（4.4）可对中国劳动生产率增长率进行分解，结果如图 4-4 所示。

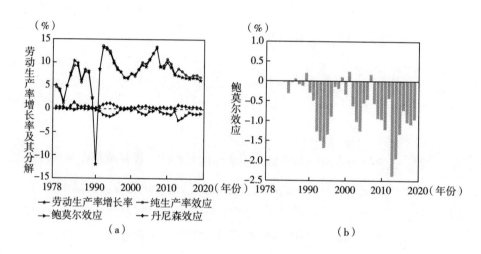

图 4-4　两部门结构下的劳动生产率增长率的分解及鲍莫尔效应

资料来源：笔者根据《中国统计年鉴》的数据整理计算得到，下同。

由图 4-4 （a）可以发现如下规律。第一，大体而言，1978~2019 年中国总体劳动生产率增长率在波动中呈现出阶段性变化的特点，特别是从 2007 年开始，中国总体劳动生产率增长率呈下降趋势。如果未来这个下降趋势依旧持续，对总体经济增长而言是一个不利信号。第二，分解结果显示，总体劳动生产率的增长主要来源于纯生产率效应，并且在 2008 年后劳动生产率增长率小于纯生产率效应；但两者差距不大，这一差距由鲍莫尔效应和丹尼斯效应带来。这里的纯生产率效应测算的是生产率增长的绝对值，鲍莫尔和丹尼森效应衡量的是结构变化的相对值，因此前者比后两者会大许多。第三，鲍莫尔效应与丹尼森效应的值都很小，并且鲍莫尔效应为负值，丹尼森效应为正值。鲍莫尔效应为负值也进一步证实了中国存在服务业"成本病"。

图4-4（b）进一步展示了各年份鲍莫尔效应的大小，可以发现，1978~2019年中国的鲍莫尔效应大部分为负值，且在波动中呈现出继续下降的趋势。目前，鲍莫尔效应的绝对值最大的点出现在2013年，为-2.39%，这说明鲍莫尔效应使劳动生产率的增长率下降了2.39%。这里测算的鲍莫尔效应的大小与经济中服务业"成本病"的大小有相关关系，但是两者并不完全相同。鲍莫尔效应可以反映服务业"成本病"的变动，作为对其大小的一个估算，分析各个时间段内服务业"成本病"的相对大小和变化趋势。服务业"成本病"给经济带来的影响更多的是通过低生产率增长率的服务部门的扩张拉低总体经济生产率增长率的途径产生，所以这里的鲍莫尔效应存在对服务业"成本病"的低估。

（二）2004~2017年中国19个行业的鲍莫尔效应

两部门结构下刻画的是产品部门与服务部门之间的转型，这个分类口径稍微偏大；因此，现结合《中国统计年鉴》中的19个细分行业数据和式（4.4）对总体劳动生产率增长率进行分解，并计算其中的鲍莫尔效应，分解结果如图4-5所示。

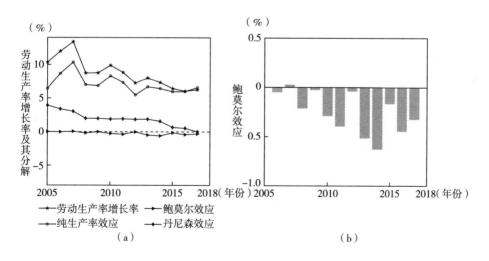

图4-5　19个行业结构下劳动生产率增长率的分解及鲍莫尔效应

观察图4-5发现，19个行业结构下的劳动生产率增长率的分解结果呈现出以下几个特点。第一，劳动生产率增长率与纯生产率效应之间的差距随着时间的推移由大慢慢缩小，并且2017年的劳动生产率增长率小于纯生产率效应。第二，19个行业结构下的劳动生产率增长率的分解结果中丹尼森效应的值较大。2005年，丹尼森效应约为4.00%；但是，随着时间的推移丹尼森效应逐渐减小，到2017年下降为0。这与农业部门转出的劳动力更多地转向了服务业，工业的就业份额不再增加有关。第三，鲍莫尔效应为负，且相对较小。2008年之前，鲍莫尔效应接近0；在2008年之后，鲍莫尔效应开始下降，并为负值。

总体而言，19个行业结构下的劳动生产率增长率的分解显示出了与两部门结构下分解的不同特点，主要有以下三点不同。第一，两部门结构下，2008年之前劳动生产率增长率与纯生产率效应差别不大，但2008年之后两者差距增大且纯生产率效应高于劳动生产率增长率。与此不同的是，19个行业结构下，劳动生产率增长率与纯生产率效应之间的差距随着时间的推移由大慢慢缩小。第二，19个行业结构下分解的丹尼森效应的值大于两部门结构下分解的值，因为在19个行业结构下可以刻画产品部门内部和服务业内部细分行业间的结构变化。当劳动力由农业转移到生产率增长率较高的工业时，会得到正的丹尼森效应。第三，19个行业结构下分解的鲍莫尔效应的值小于两部门下分解的值，这是由于鲍莫尔效应刻画的是相对结构变化的大小，观察时间越短，结构变化幅度也越小，所以鲍莫尔效应也越小。

在存在以上三个不同点的同时，19个行业结构下对总体劳动生产率增长率的分解也显示出了与两部门结构下分解相同的特点，即鲍莫尔效应的变化趋势相同。无论参考期是1978年还是2004年，无论结构划分是两部门还是19个行业，图4-4和图4-5显示，2004~2017年鲍莫尔效应大体为负数，且均呈现出波动中继续下降的特点，这说明中国服务业"成本病"的负面影响在逐步扩大。

四、服务业"成本病"测算方法的对比

本章采用了两种方法测算中国服务业"成本病"的大小。这两种方法有相似性，但也存在差异。现有研究中也有采用这些方法测量服务业"成本病"的文章，但基于分析对象或时间的不同，得到了不同的结论。本部分将集中对这两种方法进行对比分析和讨论。

（一）两种方法对比

由于服务业发展对经济增长的影响比较复杂，直接计算服务业"成本病"的大小还有一定的难度。另外，为了避免估算方法的错误或片面，本章使用两种不同方法对中国服务业"成本病"进行估算。这两种方法分别为通过固定结构分析劳动生产率增长率的变化来计算结构效应及通过劳动生产率增长率的分解来计算鲍莫尔效应，两种方法有以下相同点与不同点。

1. 相同点

第一，都刻画由结构变化带来的对总体劳动生产率增长率的影响。通过分析式（4.3）和式（4.5）可知，无论是结构效应还是鲍莫尔效应，刻画的都是由结构变化带来的对总体劳动生产率增长率的影响。结构变化是相对值，其大小与所选参考期有关，一般将参考期选为观测期的第一年。分析的时间跨度越长，结构变化的幅度也越大，计算得到的结构效应和鲍莫尔效应的绝对值也越大。

第二，都用来估算服务业"成本病"的大小。服务业"成本病"的本质是由生产率增长率较低的服务业扩张带来的生产成本增加与总体生产率增长率的下降。无论是在 1978～2019 年还是在 2004～2017 年，中国就业结构和增加值结构变化的主要特点均包括服务业的不断扩张，但是服务业的劳动生产率增长率相对于工业或者产品部门而言都更低。结构变化主要体现的也是服务业就业份额和增加值份额的增长，所以结构效应和鲍莫尔效应都体现了服务业"成本病"的本质，都可以用于反映中国服务业"成本病"的大小。

2. 不同点

第一，计算过程中是否包含对就业结构变化的考虑。通过对比式（4.3）和式（4.5）可知，结构效应的计算中有将就业结构固定在基期分析就业结构变化对总体劳动生产率增长率的影响。但是鲍莫尔效应的计算中只考虑了增加值结构的变化，并没有考虑就业结构的变化。从这一点看，结构效应反映的细节会更多。

第二，计算的方法不同。结构效应是通过反事实分析计算得到的，鲍莫尔效应则是通过分解计算得到的。结构效应是对比真实值和反事实分析下的模型值得到的；同理，可以分析其他的反事实情况下的结构效应，如：假设收入不变或投资结构不变的情况下的结构变化带来的结构效应。本书第五章和第六章将通过计算结构效应进一步讨论这两种情况。鲍莫尔效应是通过分解得到结构变化对总体劳动生产率增长率的影响；分解的方法涉及的假设和变量更少，所以在做预测时更适合采用此方法。因为预测值本身也不属于真实的数据，所以不适合与反事实分析的值相对比。本书第七章将采用对总体劳动生产率增长率分解的方法用鲍莫尔效应预测中国未来服务业"成本病"的大小。

（二）与其他研究的对比

在本书第二章的文献综述部分已初步讨论了关于服务业"成本病"测算方法的相关研究，这里主要进一步讨论 Qin（2006）的研究方法和结论，并将本书的结论与其进行对比。与本书研究相同的是，Qin（2006）也参考了 Nordhaus（2002）的研究，采用对中国总体劳动生产率增长率进行分解的方法，通过鲍莫尔效应判断中国是否存在服务业"成本病"。Qin（2006）通过分析 1985~2001 年中国服务业发展的情况指出，中国服务业就业份额的扩张主要来源于农业部门的劳动力转出，所以其对总体经济增长有正向的贡献；她通过两种分解方法和计量模型的检验发现，中国不存在服务业"成本病"。这个结论与本书的研究结论恰好相反。但是，本书结论与在 Qin（2006）讨论的观测期内的结论相似，即一开始中国不存在服务业"成本病"，它随着服务业的不断扩张才出现。

Qin（2006）的研究中，考虑的是 1985～2001 年中国三次产业的结构组成，在分解总体劳动生产率增长率时，通过对比分析结构的真实值与 1985 年三次产业结构组成的差异得到鲍莫尔效应。Qin（2006）采用以 1980 年价格为基期计算增加值的实际值。基于此，本书选取与她相同的数据处理方法和实际值的基期设定，即在考虑三次产业的结构组成、将结构变化的参考期定为 1985 年、将实际增加值的数据调整为以 1980 年价格为基期的假设下对总体劳动生产率增长率进行分解，得到了与 Qin（2006）相同的结论。进一步地，本书将分析的时间段从 1985～2001 年拓展为 1978～2019 年，以相同的方法对 1978～2019 年中国总体劳动生产率增长率进行分解并计算鲍莫尔效应的大小，结果如图 4-6 所示。

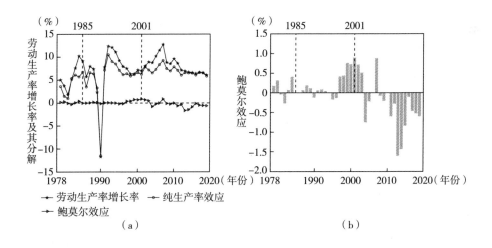

图 4-6　三次产业结构下劳动生产率增长率的分解及鲍莫尔效应

通过观察图 4-6 可得到以下几点结论。第一，我们较好地复制了 Qin（2006）对中国总体劳动生产率增长率分解的结果；图 4-6（a）中 1985～2001 年的结果与 Qin（2006，第 26 页，图 7）的结果十分接近。Qin（2006）结合 1985～2001 年中国整体、不同地区和不同省份的情况判断中国并不存在服务业"成本病"。当本书将分析的时间跨度从 1985～2001 扩展到 1978～

2019 年后发现，在 1985~2001 年中国是没有出现服务业"成本病"，但是在 2011 年之后，中国出现了服务业"成本病"。所以，本书的结论与 Qin（2006）本质上是一致的，只是分析的时间跨度比她的更长；此外，通过对比发现，实际增加值的基期选择不影响鲍莫尔效应的大小。

第二，结构对比时参考期的选择对总体劳动生产率增长率的分解结果有影响，但是影响不显著。在 1978 年之前，中国工业的发展是半封闭型的，只有国有和集体两种所有制形式（卢福财和秦川，2008）；1978~1984 年工业改革关注微观激励机制（林毅夫和蔡昉等，1999），但是改革成效还不到位；与 1978 年相比工业在 1985 年的名义增加值份额更低。参考式（4.5）总体劳动生产率增长率的分解方法，当 Qin（2006）选择工业名义增加值份额更低的 1985 年为参考期求解鲍莫尔效应时，与前文中将 1978 年作为参考期相比，名义增加值份额的真实值减去的是一个更小的值，所以得到鲍莫尔效应的值更大。

本章小结

本章主要采用两种方法分析结构变化和部门劳动生产率增长率差异对总体劳动生产率增长率的影响，估算服务业"成本病"的大小。两种方法分别是：通过固定结构分析劳动生产率增长率的变化来计算结构效应，以及通过分解劳动生产率增长率来计算鲍莫尔效应。值得指出的是，这两种方法分别得到的结构效应和鲍莫尔效应均不能直接等同于服务业"成本病"的大小，但是它们不仅可以佐证中国存在服务业"成本病"，也可以作为度量各个时间段内服务业"成本病"相对大小的方法。

本章采用不同的计算方法、基于不同的时间段、使用不同的行业分类方法均得到类似结论，即在观测期的大部分年份中结构效应和鲍莫尔效应均为负值，随时间推移结构效应和鲍莫尔效应均显示出波动中不断下降的变化特点,说明中国存在服务业"成本病",并且服务业"成本病"呈现波动中继续"恶化"的趋势。如果这一趋势持续,则中国未来服务业的扩张将给总体劳动生产率增长率带来更大的负面影响,并最终阻碍总体经济的增长。

Baumol(1967)基于非平衡增长理论提出,在需求弹性满足一定假设条件时服务业会不断扩张直至占领整个经济,总体经济增长率最终会趋于零。但是,这一结论是在相当严格的假设下才会出现的,即服务缺乏需求价格弹性、富有需求收入弹性。本章的研究中没有涉及对需求弹性的分析,第五章将在模型需求侧引入非位似偏好假设量化分析服务需求的价格弹性和收入弹性,讨论价格效应和收入效应对服务业"成本病"的影响。

本章附录

Y_t 增长率的计算方法如下:

$$\Delta\log(Y_t) = \log(Y_t) - \log(Y_{t-1}) = \log\left(\frac{Y_t}{Y_{t-1}}\right) = \log\left(1 + \frac{Y_t - Y_{t-1}}{Y_{t-1}}\right)$$

$$= \log\left(1 + \frac{\sum_i (Y_{it} - Y_{i,t-1})}{\sum_i Y_{i,t-1}}\right) = \log\left(1 + \frac{\sum_i (Y_{it} - Y_{i,t-1})}{\sum_i Y_{i,t-1}} \times \frac{Y_{i,t-1}}{Y_{i,t-1}}\right)$$

$$= \log\left(1 + \frac{\sum_i (Y_{it} - Y_{i,t-1})}{Y_{i,t-1}} \times \frac{Y_{i,t-1}}{\sum_i Y_{i,t-1}}\right)$$

$$= \log\left(1 + \sum_i \Delta\log(Y_{it}) \times S(Y_{i,t-1})\right) \approx \sum_i \Delta\log(Y_{it}) \times S(Y_{i,t-1})$$

总体劳动生产率的增长率为:

$$\Delta\log(LP_t) = \Delta\log(Y_t) - \Delta\log(L_t)$$

$$= \sum_{i=1}^{n} S(Y_{it})\Delta\log(Y_{it}) - \sum_{i=1}^{n} S(L_{it})\Delta\log(L_{it})$$

$$= \sum_{i=1}^{n} S(Y_{it})\Delta\log(LP_{it}) + \sum_{i=1}^{n} \left[S(Y_{it}) - S(L_{it})\right]\Delta\log(L_{it})$$

固定基期产出结构和就业结构，总体劳动生产率的增长率等于：

$$\Delta\log(LP_i(T)) = \sum_{i=1}^{n} S(Y_{iT})\Delta\log(LP_{it}) + \sum_{i=1}^{n} \left[S(Y_{iT}) - S(L_{iT}) \right] \Delta\log(L_{it})$$

需要注意的是，增加值份额用名义增加值计算得到，劳动生产率用实际增加值和劳动投入计算得到；劳动力采用就业人数指标进行计算，劳动生产率的单位是万元/人。

第五章

— 结构转型动力与服务业"成本病"—

　　由收入上升带来的消费支出份额变化是结构转型的重要动力之一。本章通过建立两部门模型，量化分析 1978~2019 年中国产品和服务需求的价格弹性和收入弹性的大小，讨论相对价格和收入变化对结构转型与服务业"成本病"的影响，并对比分析满足非位似偏好的三种不同效用函数，总结它们的差异与适用范围。研究发现，在 PIGL 效用函数假设下，中国的结构变化来自收入和相对价格的变化，这两者的影响力比较接近；但在 Stone-Geary 效用函数和非位似 CES 效用函数假设下，结构转型主要动力并不相同，不同因素对服务业"成本病"的影响大小也有差异。对比分析发现，Stone-Geary 效用函数可以刻画短期的非位似偏好，PIGL 效用函数适合两部门模型的分析，非位似 CES 效用函数适用于多部门模型的研究。此外，由于价格差异背后的生产率差异对服务业"成本病"的影响更大，因此提高服务业的生产效率是"治愈"服务业"成本病"的关键。

一、引言

2018 年习近平总书记提出："推动经济高质量发展，要把重点放在推动产业结构转型升级上。"认识我国现阶段结构转型的特征是促进产业结构转型升级和实现经济高质量发展的重要任务。国际发展经验显示，结构转型大致会经历以下两个阶段：第一阶段，随着经济的发展，农业的增加值份额和就业份额会逐渐下降，非农业的份额逐渐上升；第二阶段，服务业的就业份额和增加值份额不断上升（Kuznets，1973；Herrendorf 和 Rogerson 等，2014）。中国的结构转型也满足这两个阶段的变化路径。随着经济的发展，中国的结构转型进入第二个阶段，服务业逐渐成为经济的第一大产业，服务业发展对中国整体经济的影响越来越大。本章将试图从分解结构转型动力的角度讨论中国服务业"成本病"的影响因素。

由《中国统计年鉴》公布的数据整理可得到服务业的相关发展情况，如图 5-1 所示。图 5-1（a）显示，1978 年我国服务部门的增加值份额为 24.6%，服务业发展相对滞后。1978 年的改革开放激活了中国的经济活力，产业结构也随着经济的增长在不断转变；中国服务部门的增加值份额不断提高，在 2018 年增长到了 52.2%，与 1978 年的结构相比发生了巨大的变化。图 5-1（b）显示，在 1990 年之后服务部门的价格指数增长速度高于产品部门价格指数的增长速度；相对于产品价格而言，服务的相对价格越来越高。

为什么会有结构的转型呢？当存在多种商品时，商品间的替代弹性和相对价格会影响家庭的需求量，因此相对价格变化会影响经济中的消费结构组成。恩格尔定律显示，收入越高，家庭用于购买食物的支出份额会越小；由此可推知，随着一国经济的发展和人均收入的提高，食品的支出份额会减少，服务的支出份额会增加（Chai 和 Moneta，2012）。

目前，对结构转型动力的研究主要从以下几个方面进行：收入增加、相对价格变化、生产技术进步、国际贸易发展、产品间投入产出关系变化等。当满足非位似偏好的特征时，随着收入的增加，消费者对不同产品的消费比例会发生改变。在研究结构转型的相关文献中，一般通过引入非位似偏好的效用函数来分析结构转型的收入效应。本章的研究主要分析 1978~2019 年中国服务业的发展特点及价格效应和收入效应对服务业"成本病"的影响。

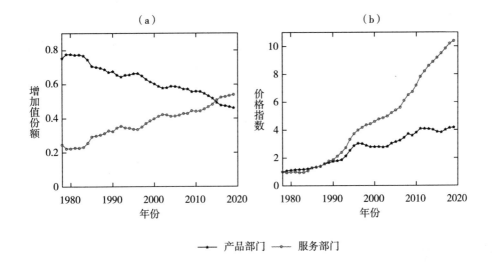

图 5-1 中国产品部门和服务部门的增加值份额和价格指数

资料来源：根据《中国统计年鉴》的数据计算得到。

价格效应和收入效应是影响结构转型的关键因素，也是影响服务业发展和服务业"成本病"的重要因素。随着经济学理论的发展，价格效应和收入效应的相关研究也在不断地进步。Baumol（1967）、Ngai 和 Pissarides（2007）、Herrendorf 和 Rogerson 等（2013）讨论了部门间不同生产率水平带来的相对价格差异对结构转型的影响；Caseli 和 Coleman（2000）、Acemoglu 和 Guerrieri（2008）等则从要素密集度差异的角度讨论了价格效应。Kongsamut 和 Rebelo 等（2001）、Duarte 和 Restuccia（2010）、Dekle 和 Vandenbroucke（2012）等均在结构模型中考虑了收入效应。也有研究同时考虑了价格效应和收入效应对结构转型的影响，如 Dennis 和 İşcan（2009）、Boppart（2014）、Comin 和 Lashkari 等（2021）。

在已有研究的基础上，本章主要参考 Boppart（2014）的假设，用 PIGL 效用函数刻画非位似偏好。与 Boppart（2014）的研究相比，本章的研究有以下几点不同：第一，本书关注的是中国结构转型的故事，分析收入效应和价格效应对 1978~2019 年中国结构转型的拉动。第二，除了结构转型的动力之外，本书还关注相关因素对中国服务业"成本病"的影响，而 Boppart（2014）没有涉及这部分的量化分析。第三，基于现有的不同研究方法，本书对比分析 Boppart（2014）的 PIGL 效用函数、Kongsamut 和 Rebelo 等（2001）的 Stone-Geary 效用函数以及 Comin 和 Lashkari 等（2021）的非位似 CES 效用函数，讨论在不同非位似偏好假设下关于结构转型主要动力结论的异同。对比发现，收入效应和价格效应共同驱动着中国的结构转型，其中价格效应的作用稍微大一些。进一步地，通过分析收入效应和价格效应对服务业"成本病"的影响大小，发现价格效应背后的部门间劳动生产率差异是影响服务业"成本病"的关键因素。

本章的主要研究内容：①包含非位似偏好和生产率差异假设的模型介绍。参考 Boppart（2014）的 PIGL 效用函数对模型的需求侧进行讨论；供给侧方面，在假设只有劳动力投入的情况下分析部门间的劳动生产率差异。②量化分析，具体讨论收入效应和价格效应对结构转型和服务业"成本病"的影响。③对比不同非位似偏好的刻画方法和研究结论，并讨论它们各自的特点和适用范围。

二、PIGL 效用函数刻画结构转型

本部分参考 Boppart（2014）的方法在模型中引入 PIGL 效用函数分析 1978~2019 年中国的结构转型与总体劳动生产率。PIGL 是 Price Independent Generalized Linear 的简称，PIGL 效用函数指价格独立的广义线性效用函数，是一个间接效用函数的形式。为聚焦对服务业发展的研究，本章把经济分为两个部门，分别是产品部门和服务部门，其中产品部门包括农业和工业。每个部门都有一个代表性的生产者，劳动是生产中的唯一投入；假设家庭无弹性供给劳动，不考虑闲暇；家庭将所有收入分配到两个部门的消费支出中，不考虑投资。

（一）模型假设

1. 生产者技术

假设经济中有两个部门：产品部门和服务部门；只考虑劳动投入，不考虑资本投入和闲暇。各部门的生产技术满足下面的等式：

$$Y_{it} = A_{it}L_{it} \tag{5.1}$$

式中，t 代表时间；i 代表不同部门，$i = \{g, s\}$；Y 为产出；A 表示劳动生产率；L 表示劳动力投入数量。

产品市场和劳动力市场都是完全竞争的，代表性生产者在外生给定产品价格 P_{it} 和劳动力工资 w_t 的情况下选择劳动力投入使得利润最大化。假设两部门的工资水平相同，参考 Restuccia 和 Rogerson（2008）的方法引入税收参数 τ_{it} 来刻画不同部门间的劳动力边际产出差异[1]。值得进一步说明的是，这里的税收并不代表雇佣劳动力的实际缴税，它们主要刻画部门间劳动生产率差异。税收不一定为正数，当它为负值时，可理解为对该部门的补贴。本书假设政府把税收收总后转移给家庭，不讨论政府支出对供给侧的影响。

2. 家庭的效用

参考 Boppart（2014）的研究方法，假设效用函数满足 PIGL 的形式。与之不同的是，本章简化家庭的跨期决定，建立一个静态的一般均衡模型。由于不考虑投资，假设所有产出均用于消费，因此这里的消费份额等于增加值份额。假设家庭将所有的收入分配在产品和服务的消费上，消费数量分别为 C_{gt}、C_{st}。

假设代表性家庭的效用满足常跨期替代弹性，不考虑贴现，家庭最大化每一期的效用。代表性家庭的效用满足如下等式：

$$V(E_t, P_{gt}, P_{st}) = \frac{1}{\varepsilon}\left(\frac{E_t}{P_{st}}\right)^{\varepsilon} - \frac{v}{\gamma}\left(\frac{P_{gt}}{P_{st}}\right)^{\gamma} - \frac{1}{\varepsilon} + \frac{v}{\gamma} \tag{5.2}$$

式中，V 为家庭的间接效用，由消费总支出及产品和服务的价格决定；E_t 为代表性家庭的消费总支出；P_{gt}、P_{st} 分别为产品和服务的价格，参数 v、γ、ε

---

①　盖庆恩和朱喜等（2014）也引入类似假设，衡量劳动力跨部门转移的障碍。

共同刻画代表性家庭的消费行为。当 $\varepsilon=0$ 时，$\lim\limits_{\varepsilon\to0}V(E_t,\ P_{gt},\ P_{st})=\log\left(\dfrac{E_t}{P_{st}}\right)-$

$\dfrac{v}{\gamma}\left(\dfrac{P_{gt}}{P_{st}}\right)^{\gamma}+\dfrac{v}{\gamma}$，简化为位似偏好效用函数；当 $\varepsilon=\gamma=0$ 时，$\lim\limits_{\varepsilon\to0,\gamma\to0}V(E_t,\ P_{gt},\ P_{st})=$

$\log\left(\dfrac{E_t}{P_{gt}{}^v P_{st}{}^{1-v}}\right)$，简化为柯布—道格拉斯效用函数；当 $v=0$ 时，则简化为单部

门模型的效用函数。为刻画两部门结构转型的收入效应和价格效应，假设 $v>$
0，$1>\gamma>\varepsilon>0$。当满足 $\varepsilon>0$ 时，服务的需求收入弹性大于 1，产品的需求收入
弹性小于 1。值得指出的是，γ 并不代表产品和服务之间的替代弹性。当满
足 $1>\gamma>\varepsilon>0$ 时，替代弹性小于 1。

3. 资源约束

在模型的均衡下，产品市场、劳动力市场均出清，代表性家庭的总支出
等于总收入。由此得到资源约束条件：

$$C_{it}\leqslant Y_{it} \tag{5.3}$$

$$L_t=L_{gt}+L_{st} \tag{5.4}$$

$$w_t L_t=P_{gt}C_{gt}+P_{st}C_{st} \tag{5.5}$$

（二）均衡求解

结合生产者利润最大化一阶条件、家庭效用最大化一阶条件和资源约束
条件可以求解得到模型的一般均衡。

1. 生产者利润最大化

代表性生产者利润最大化的问题为：

$$\max_{L_{it}}\{P_{it}A_{it}L_{it}-(1+\tau_{it})w_t L_{it}\}$$

对 L_{it} 求导，可以得到：

$$P_{it}=\dfrac{(1+\tau_{it})w_t}{A_{it}} \tag{5.6}$$

由式（5.6）可知，劳动生产率越高的部门，其相对成本越低，产品价
格也越低。两部门的相对价格由它们的相对生产率和税收水平决定，即：

$$\dfrac{P_{gt}}{P_{st}}=\dfrac{(1+\tau_{gt})A_{st}}{(1+\tau_{st})A_{gt}} \tag{5.7}$$

假设产品部门的税收为 0，即 $\tau_{gt}=0$，由此可以求解得到 τ_{st}。

2. 家庭效用最大化

由间接效用函数和罗伊恒等式（Roy's Identity）计算得到希克斯需求函数：

$$C_{gt}=v\frac{E_t}{P_{gt}}\left(\frac{E_t}{P_{st}}\right)^{-\varepsilon}\left(\frac{P_{gt}}{P_{st}}\right)^{\gamma} \tag{5.8}$$

$$C_{st}=\frac{E_t}{P_{st}}\left[1-v\left(\frac{E_t}{P_{st}}\right)^{-\varepsilon}\left(\frac{P_{gt}}{P_{st}}\right)^{\gamma}\right] \tag{5.9}$$

由以上两式可得到产品部门和服务部门消费支出份额的等式，分别为：

$$\frac{P_{gt}C_{gt}}{E_t}=v\left(\frac{E_t}{P_{st}}\right)^{-\varepsilon}\left(\frac{P_{gt}}{P_{st}}\right)^{\gamma} \tag{5.10}$$

$$\frac{P_{st}C_{st}}{E_t}=1-v\left(\frac{E_t}{P_{st}}\right)^{-\varepsilon}\left(\frac{P_{gt}}{P_{st}}\right)^{\gamma} \tag{5.11}$$

由此可知，消费支出份额受相对价格、总支出及相关参数的共同影响。

结合代表性生产者利润最大化问题和代表性家庭的效用最大化问题可以求解得到就业份额，即：

$$\frac{L_{gt}}{L_{st}}=\frac{(1+\tau_{st})P_{gt}C_{gt}}{P_{st}C_{st}} \tag{5.12}$$

整理可得到：

$$\frac{L_{st}}{L_t}=\frac{(1+\tau_{gt})P_{st}C_{st}}{(1+\tau_{gt})P_{st}C_{st}+(1+\tau_{st})P_{gt}C_{gt}} \tag{5.13}$$

总体劳动生产率等于两部门劳动生产率的加权平均，满足：

$$\frac{Y_t}{L_t}=\frac{Y_{gt}}{L_{gt}}\frac{L_{gt}}{L_t}+\frac{Y_{st}}{L_{st}}\frac{L_{st}}{L_t} \tag{5.14}$$

此外，模型中的 γ 并不直接代表产品和服务之间的替代弹性。PIGL 效用函数可以刻画可变的替代弹性，由模型假设可以推导得到需求替代弹性 σ_t 为①：

---

① 详细推导过程可参考 Boppart（2014）引理 3 的证明。

$$\sigma_t = 1 - \gamma - \frac{\upsilon \left(\dfrac{P_{gt}}{P_{st}} \right)^{\gamma}}{\left(\dfrac{E_t}{P_{st}} \right)^{\varepsilon} - \upsilon \left(\dfrac{P_{gt}}{P_{st}} \right)^{\gamma}} (\gamma - \varepsilon) \qquad (5.15)$$

3. 均衡讨论

在离散的数据结构下，参考第四章的分析，假设对于任意变量 X，其增长率为 $\Delta \log(X_t)$。为了分析效用函数相关参数在模型中的作用及其对结构转型的影响，可由式（5.10）推导得到：

$$\Delta \log \frac{P_{gt} C_{gt}}{E_t} = \Delta \log \left(\frac{E_t}{P_{st}} \right)^{-\varepsilon} + \Delta \log \left(\frac{P_{gt}}{P_{st}} \right)^{\gamma} \qquad (5.16)$$

随着经济的发展，人均收入不断提高，消费支出 E_t 也不断增加，家庭对不同产品的消费支出份额也在发生变化。式（5.16）的等号左边为产品消费支出份额的变化率，等号右边包含价格和总支出的变化率及相关参数。当 $\varepsilon > 0$ 时，随着 E_t 的增加 $\dfrac{P_{gt} C_{gt}}{E_t}$ 会逐渐减小；此时产品需求的收入弹性小于1，服务需求的收入弹性大于1。由此，弹性的大小会影响结构转型，进而影响服务业"成本病"的大小。此外，价格变化对消费支出份额的作用还受到 γ、ε 的影响，当满足 $1 > \gamma > \varepsilon > 0$ 时，服务价格上升会使得产品的消费支出份额下降，两者间是互补的关系。

三、量化分析

本部分主要包括数据来源分析、参数校准及模型的反事实分析。通过校准参数，讨论产品部门和服务部门之间的替代关系和各自的收入弹性。在反事实分析中主要研究收入效应和价格效应对结构转型与服务业"成本病"的影响。

（一）参数校准

本部分在分析时使用的数据主要来源于历年的《中国统计年鉴》，研究
1978~2019年中国产品部门和服务部门之间的结构转型。由历年的《中国统
计年鉴》公布的三次产业的增加值指数及名义增加值计算得到三次产业的实
际增加值，劳动力投入来源于分产业就业人员数据，农业和工业加总为产品
部门。由于本章的分析不考虑投资，假设所有产出均用于消费，因此消费支
出份额均等于增加值份额。

模型中需要校准的参数有生产侧的劳动生产率、需求侧的偏好参数及弹
性参数。首先可以结合生产函数、产出及就业投入的数据计算得到两大部门
的劳动生产率，即 A_{gt} 和 A_{st}。其次基于 $\tau_{gt}=0$ 的假设，根据式（5.7）可求解
得到服务业的相对税收 τ_{st}。最后根据家庭效用最大化问题求解效用函数的相
关参数。

根据满足家庭效用最大化下的均衡式（5.10）可知：

$$\frac{P_{gt}C_{gt}}{E_t}=v\left(\frac{E_t}{P_{st}}\right)^{-\varepsilon}\left(\frac{P_{gt}}{P_{st}}\right)^{\gamma} \tag{5.17}$$

基于式（5.17），最小化产品部门消费支出份额的模型值与真实值之差，
得到校准后的参数值（见表5-1）。

表5-1 参数校准结果

参数	v	ε	γ
校准结果	1. 19	0. 06	0. 26

注：表中的值由笔者根据数据和模型均衡条件计算得到。

表5-1的结果显示，$v=1.19$，$\varepsilon=0.06$，$\gamma=0.26$。满足 $\varepsilon>0$，根据效用
函数的设定可知服务部门的收入弹性大于1，产品部门的收入弹性小于1；
满足 $1>\gamma>\varepsilon>0$，说明产品和服务之间的替代弹性小于1，是互补品。结合数
据和式（5.15）可以计算得到每个时期产品和服务之间的需求替代弹性，接
下来将替代弹性、生产侧的劳动生产率和税收的值在图5-2中进行展示。

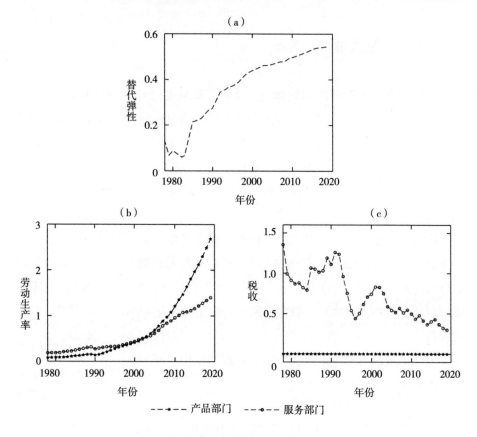

图 5-2　参数校准结果

　　图 5-2（a）显示，除了 1978~1982 年有波动之外，替代弹性在 1978~
2019 年整体呈向上增长的趋势，由 1978 年的 0.13 到 2019 年增长为 0.54。
但是，替代弹性的值都小于 1，说明产品和服务之间是互补品的关系。因此，
随着一部门相对价格的增长，对该部门的支出份额也会随之上升。如果产品
和服务之间的替代弹性大于 1，两部门的产品是替代品，相对价格增长部门
的支出份额则不一定会上升。图 5-2（b）显示，2002 年之前产品部门和服
务部门的劳动生产率比较接近，相对劳动生产率趋近于 1。但是在 2002 年之
后，产品部门的劳动生产率超过了服务部门，并且两者之间的差距越来越
大。如果这一发展趋势继续，服务部门的相对劳动生产率将越来越低，其扩
张将拉低总体劳动生产率的水平，不利于整体经济的增长。图 5-2（c）汇
报了部门的相对税收，由式（5.7）可知它衡量了考虑价格因素之后的相对

生产率。虽然图 5-2（b）显示服务的相对生产率与最佳状态（即两部门生产率相同）正渐行渐远，但是在考虑价格因素之后，两部门的价格与生产率乘积正逐渐靠拢，当 τ_{st} 下降为 0 时，$A_{gt}P_{gt}=A_{st}P_{st}$。

图 5-3 展示了模型对真实数据的拟合程度。

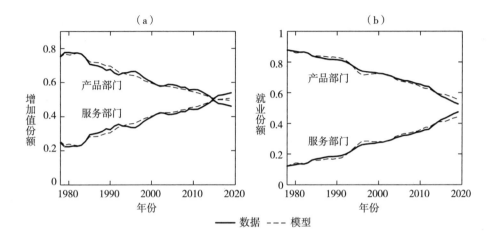

图 5-3　1978~2019 年中国两部门的增加值份额与就业份额的模型拟合情况

注：图中数据由历年《中国统计年鉴》整理得到，模型值由笔者根据均衡条件以及相关数据和参数计算得到。下同。

观察图 5-3 可以发现，无论是就业份额还是增加值份额，模型都可以很好地刻画由数据显示的中国两部门结构变化的特点。在此基础上，反事实分析关键变量的变化对服务业"成本病"带来的影响，分析服务部门发展的收入效应和价格效应。

（二）服务业"成本病"的影响因素

本部分主要讨论结构转型的收入效应和价格效应。收入效应体现在式（5.10）和式（5.11）等号右边的 $\left(\dfrac{E_t}{P_{st}}\right)^{-\varepsilon}$。若 $\varepsilon>0$，产品部门的消费支出份额会随着收入的上升而减小，同时服务部门的消费支出份额会增加。价格效应体现在两个等式中的 $\left(\dfrac{P_{gt}}{P_{st}}\right)^{\gamma}$ ，刻画替代弹性和相对价格变化对结构转型的影响。当 $\gamma>0$ 时，产品部门的支出份额与产品的相对价格之间呈正相关的关系。随着服务价格增长速度的加快，产品的相对价格变得更小，产品部门的支出份额也相应下降。这是因为产品和服务之间的替代弹性小于 1，它们是互补品，所以价格增长更快的服务部门的支出份额会上升。

分别假设收入和相对价格保持在基期不变，讨论收入效应和价格效应对结构转型与服务业"成本病"的影响。把收入水平固定在 1978 年，得到的两部门增加值份额的模型值与基准模型之间的差异即由价格变化带来的结构转型，由这一反事实分析讨论价格效应对增加值结构变化的影响。同理，将相对价格固定在 1978 年分析收入效应对结构转型的影响；在模型假设下，相对价格固定不变的情形本质上是假设相对劳动生产率固定不变。分析的结果如图 5-4 所示。

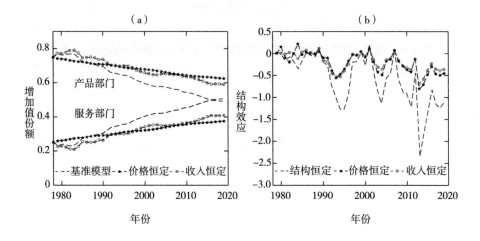

图 5-4 PIGL 效用函数下服务业"成本病"的影响因素

注：基准模型为结合相关参数计算得到的增加值份额模型值。结构恒定是指将增加值结构和就业结构固定在 1978 年计算得到的结构效应。价格恒定是指将两部门价格固定在 1978 年计算得到的模型值；价格恒定时结构转型由收入变化带来。收入恒定指将家庭的总收入固定在 1978 年不变分析结构变化；收入恒定时结构转型由价格变化带来。下同。

由图 5-4（a）可知，在 PIGL 效用函数下，增加值份额的变化由收入效应和价格效应共同驱动，价格效应带来的影响略微大一些。当相对价格恒定时，增加值份额的变化比较平缓，其变化的波动主要由相对价格变化带来。

以下结合数据和反事实分析结果研究收入效应和价格效应对服务业"成本病"的影响。参考第四章式（4.3）的计算方法，用结构效应估算服务业"成本病"的大小。不同的是，这里分析的是将收入和相对价格固定在基期这两种反事实情况下的结构效应，讨论收入效应和价格效应对服务业"成本病"的影响。由图5-4（b）可以发现，由于模型刻画的结构效应由收入和相对价格的变化共同带来，当只考虑其中一种因素变化时，结构转型的变动幅度较小，服务部门扩张的幅度更小，由此带来的服务业"成本病"会比直接把结构恒定在基期的"成本病"（第四章的分析结果）更轻。对比收入恒定和价格恒定的情况可发现，只考虑收入恒定和只考虑价格恒定时的结构效应均为负值，且前者的值比后者更大，这主要是由两者对结构变化驱动力存在差异所致。

四、不同效用函数的讨论

本部分主要介绍 Stone-Geary 效用函数与非位似的常替代弹性（Non-Homothetic CES）效用函数，并将 PIGL 效用函数与这两种偏好进行对比分析。

本部分的生产技术假设与上一部分相同。假设有两个部门：产品部门和服务部门，用 i 表示，$i=\{g, s\}$。只考虑劳动力投入，不考虑闲暇和资本。代表性家庭无弹性供给劳动，将收入分配于产品和服务的消费。两个部门的生产技术满足式（5.1）。产品和劳动力市场都是完全竞争的，代表性生产者选择劳动力投入数量以实现利润最大化。生产者利润最大化的分析与 PIGL 偏好假设模型下的相同，求解生产者利润最大化的问题得到税收和相对生产率，如式（5.6）、式（5.7）所示。

（一）Stone-Geary 效用函数

Kongsamut 和 Rebelo 等（2001）在新古典经济学一般均衡分析框架的基础上将模型扩展为三部门，并且引入 Stone-Geary 偏好的假设，得到了符合结构转型特征的"广义平衡增长路径"[①]。但 Kongsamut 和 Rebelo 等（2001）的模型中收入变化对结构转型的影响仅由维持生存的基本产品的消费和服务业的禀赋性消费带来，不能刻画长期的结构转型的收入效应。因此，本部分参考 Herrendorf 和 Rogerson 等（2014）的方法在 Kongsamut 和 Rebelo 等（2001）的基本假设下引入替代弹性，也有研究将引入替代弹性的 Stone-Geary 偏好称为"广义"的 Stone-Geary 偏好，本章统称为 Stone-Geary 偏好。

Stone-Geary 偏好有如下特点。首先，产品消费中有一个基础的消费数量，这是维持生存必须满足的产品消耗；其次，服务的消费中有一部分是可以通过自给自足得到的，称为禀赋性消费。Stone-Geary 偏好通过以上两种特点刻画非位似偏好。而引入替代弹性的 Stone-Geary 偏好则在此基础上增加了对不同部门产品需求替代弹性的讨论，模型的拟合度更高。接下来参考 Herrendorf 和 Rogerson 等（2014）的方法，采用 Stone-Geary 偏好的假设具体分析模型设定及求解均衡。

1. Stone-Geary 效用函数的介绍

（1）模型构建。参考 Herrendorf 和 Rogerson 等（2014）的方法采用 Stone-Geary 偏好分析三次产业结构转型的路径，构建一个包含产品部门和服务部门的两部门模型，以聚焦对服务业发展的讨论，并且不考虑资本投入以简化家庭的跨期决定，最终建立一个静态的一般均衡模型。假设家庭将所有的收入分配在两部门产品的消费上，消费数量分别为 C_{gt}、C_{st}。C_t 代表家庭在 t 期的总效用，由两部门产品的需求数量决定，$C_t = F(C_{gt}, C_{st})$。代表性家庭的总效用 C_t 满足：

---

① 新古典增长模型假设下可以得到符合 Kaldor 事实的一般均衡路径。在此基础上，Kongsamut 和 Rebelo 等（2001）通过引入满足基本生存的农产品消费和禀赋性的服务消费分析结构转型的收入效应，并得到了"广义平衡增长路径"，即三次产业间的相对价格不变、劳动收入份额不变、资本产出比不变、资本和总产出的增长率不变，但是三次产业的相对生产率和就业份额随时间变化。

$$C_t = \left[\alpha_g^{\frac{1}{\epsilon}} \left(C_{gt} + \overline{c}_g \right)^{\frac{\epsilon-1}{\epsilon}} + \alpha_s^{\frac{1}{\epsilon}} \left(C_{st} + \overline{c}_s \right)^{\frac{\epsilon-1}{\epsilon}} \right]^{\frac{\epsilon}{\epsilon-1}} \tag{5.18}$$

式中，α_i 代表 i 部门产品的偏好参数，$i = \{g, s\}$。ϵ 代表不同部门产品间的需求替代弹性；$\overline{c}_g$ 为维持生存的基本产品的消费，假设 $\overline{c}_g$ 为负数；$\overline{c}_s$ 代表家庭可以自给自足的服务产品，也称为服务业的禀赋性消费，假设 $\overline{c}_s$ 为正数。因此，产品需求的收入弹性小于 1，服务的需求收入弹性大于 1。当 $\overline{c}_g = \overline{c}_s = 0$ 时，效用函数简化为位似偏好。

根据效用最大化问题可以求解一阶最优条件，整理得到：

$$\frac{P_{it}(C_{it} + \overline{c}_i)}{P_t C_t} = \frac{\alpha_i P_{it}^{1-\epsilon}}{\sum_i \alpha_i P_{it}^{1-\epsilon}}, \quad \cdots i = g, s \tag{5.19}$$

同理，可以求解最有条件下各部门的支出份额、就业份额和总体劳动生产率。

（2）均衡讨论。为了分析需求侧相关参数在模型中的作用及其对结构转型的影响，可从式（5.19）推导得到：

$$\frac{P_{it} C_{it}}{w_t L_t} = \frac{\alpha_i P_{it}^{1-\epsilon}}{\sum_i \alpha_i P_{it}^{1-\epsilon}} \frac{P_t C_t}{w_t L_t} \frac{1}{1 + \dfrac{\overline{c}_i}{C_{it}}} \tag{5.20}$$

式中，$P_t C_t = \sum_i P_{it} \overline{c}_i$。等式左边为 i 产品部门的消费支出份额，右边包含价格、消费支出、总收入和相关参数等。由式（5.20）可知，随着 C_{it} 的增长，$\left(1 + \dfrac{\overline{c}_i}{C_{it}}\right)$ 会逐渐趋近于 1，$\dfrac{P_t C_t}{w_t L_t}$ 也会趋近于 1。从长期来看，作为常数的 $\overline{c}_i$ 对支出份额的影响逐渐减小。在 Stone-Geary 偏好假设下，模型难以刻画长期的结构转型的收入效应，不同部门的支出份额主要由相对价格决定。

2. Stone-Geary 效用函数下模型的量化分析

（1）参数校准。Stone-Geary 偏好假设下，由式（5.19）得到：

$$\frac{P_{it} C_{it}}{w_t L_t} = \frac{\alpha_i P_{it}^{1-\epsilon}}{\sum_i \alpha_i P_{it}^{1-\epsilon}} \left(1 + \frac{\sum_i P_{it} \overline{c}_i}{w_t H_t} \right) - \frac{P_{it} \overline{c}_i}{w_t L_t} \tag{5.21}$$

通过式（5.21），最小化 i 部门的支出份额的模型值与真实值之差，校准得到需求侧的相关参数值，如表 5-2 所示。

表 5-2　Stone-Geary 偏好的参数校准结果

参数	α_g	α_s	ϵ	$\bar{c}_g$	$\bar{c}_s$
校准结果	0.69	0.31	0.04	−149	219

注：表中的数据由笔者根据数据和模型均衡条件计算得到。

表 5-2 的结果显示：偏好参数的值分别为 0.69 和 0.31。在观测期的大部分年份中，产品部门的增加值份额均不低于 50%，所以 1978~2019 年对产品部门的偏好参数高于服务部门的。替代弹性（$\epsilon=0.04$）小于 1，说明两部门产品需求之间是互补关系。$\bar{c}_g=-149<0$，当对产品的消费小于 149 时，无法满足最基本的生存需要；与此不同的是，$\bar{c}_s=219$，这代表当家庭对服务的消费为 0 时，由于禀赋性消费的存在，家庭依旧可以获得一部分效用。

（2）服务业"成本病"的影响因素。在 Stone-Geary 效用函数的分析框架下，分别假设相对价格和收入保持在基期不变，讨论价格效应和收入效应对结构转型和服务业"成本病"的影响，结果如图 5-5 所示。

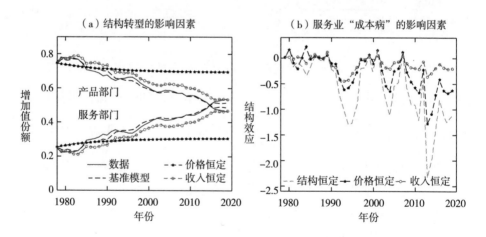

图 5-5　Stone-Geary 偏好下服务业"成本病"的影响因素

由图 5-5（a）可知，在 Stone-Geary 效用函数分析框架下得到的结果与在 PIGL 效用函数分析框架下得到的结果不同。此时，价格恒定时增加值份额的变动很小，说明结构变化主要由价格的变动带来。收入恒定时增加值份额的模型值与基准模型时的值相差不大，收入的变化对结构转型的影响较小。

图 5-5（b）分析了价格恒定和收入恒定下服务业"成本病"的变动。同理，分析将相对价格和收入固定在基期这两个反事实模拟的结果来讨论价格效应和收入效应对服务业"成本病"的影响。当价格恒定时，结构变动的幅度较小，服务的增加值份额相对较小，因此总体劳动生产率增长率的值较高，得到的结构效应与结构恒定时的更为接近。当收入恒定时，结构变动的幅度与真实结构的变化较为接近，得到结构效应的绝对值也比较小。

（二）非位似 CES 效用函数

参考 Comin 和 Lashkari 等（2021）的研究采用非位似的常替代弹性效用函数刻画结构转型，分析中国经济的结构转型与总体劳动生产率的增长。非位似 CES 效用函数不仅可以分析不同部门的需求替代弹性的大小，还可以分析不同部门需求收入弹性的相对大小，两者共同刻画结构转型的特点。生产技术假设与上一部分相同，接下来具体分析模型偏好设定及均衡求解。

1. 非位似 CES 效用函数的介绍

（1）模型构建。假设家庭每一期的总效用 C_t 由产品和服务两部门产品的需求数量决定，$C_t = F(C_{gt}, C_{st})$，可用 i 表示不同部门，$i = \{g, s\}$。参考 Comin 和 Lashkari 等（2021）、Yao 和 Zhu（2021）的假设，采用非位似 CES 效用函数。效用函数满足[①]：

$$C_t = \sum_i \Omega_i^{\frac{1}{\sigma}} C_t^{\frac{\varepsilon_i}{\sigma}} C_{it}^{\frac{\sigma-1}{\sigma}} \tag{5.22}$$

σ 代表不同部门的产品需求替代弹性，假设 $\sigma > 0$；Ω_i 代表 i 部门的产品偏好参数，$\Omega_i > 0$；ε_i 代表 i 部门的需求收入弹性，$\varepsilon_i > 0$。当 $\varepsilon_i = 1$ 时，效用函数简化为标准的 CES 效用函数。值得注意的是，C_t 不是消费数量的加总，而是总效用。假设代表性家庭满足常跨期替代弹性的效用函数，给定产品价格的情况下家庭选择对不同产品的支出份额以最大化每一期的效用。

---

① 式（5.22）的函数形式等同于 $C_t = \left(\alpha_g^{\frac{1}{\sigma}} C_t^{\frac{\varepsilon_g-1}{\sigma}} C_g^{\frac{\sigma-1}{\sigma}} + \alpha_s^{\frac{1}{\sigma}} C_t^{\frac{\varepsilon_s-1}{\sigma}} C_s^{\frac{\sigma-1}{\sigma}} \right)^{\frac{\sigma}{\sigma-1}}$。

家庭对不同产品的消费数量 C_{it} 不超过这个部门的生产数量 Y_{it}，各部门的劳动力加总为总体劳动力，家庭的总支出与总收入相等；由此得到与 PIGL 偏好假设下相同的资源约束条件，即式（5.3）、式（5.4）和式（5.5）。结合生产者利润最大化一阶条件、家庭效用最大化一阶条件和资源约束条件可以求解得到模型的一般均衡[①]。

整理得到均衡下家庭对 i 部门产品的需求为：

$$C_{it} = \Omega_i \left(\frac{P_{it}}{P_t} \right)^{-\sigma} C_t^{\varepsilon_i} \tag{5.23}$$

其中，P_t 是平均价格指数，满足：

$$P_t = \frac{\sum_i P_{it} C_{it}}{C_t} = \frac{1}{C_t} \left(\sum_i \Omega_i P_{it}^{1-\sigma} C_t^{\varepsilon_i - \sigma} \right)^{\frac{1}{1-\sigma}} \tag{5.24}$$

（2）均衡讨论。结合增长率的概念和式（5.23）可知，

$$\widehat{\left(\frac{P_{it} C_{it}}{P_t C_t} \right)} = \widehat{\left(\frac{P_{it}}{P_t} \right)}^{1-\sigma} \hat{C}_t^{(\varepsilon_i - 1)} \tag{5.25}$$

式（5.25）右边的第一项是价格效应，第二项是收入效应；左边是 i 部门支出份额的增长率。由式（5.25）可知，i 部门的支出份额受到相对价格和总效用的影响，并且收入效应通过指数 $(\varepsilon_i - 1)$ 持续地影响支出份额。当 ε_i 大于 1 时，ε_i 越大，随着收入的增加 i 部门支出份额增长得也越快。与广义 Stone-Geary 偏好假设不同的是，非位似 CES 偏好可以刻画长期收入效应对结构转型的影响，收入弹性的变化对结构效应的影响也较明显。

2. 非位似 CES 效用函数下模型的量化分析

（1）参数校准。非位似 CES 偏好假设下，由式（5.23）得到：

$$\frac{P_{it} C_{it}}{P_{jt} C_{jt}} = \frac{\Omega_i}{\Omega_j^{1+\frac{\varepsilon_i - \varepsilon_j}{\varepsilon_j - \sigma}}} \left(\frac{P_{it}}{P_{jt}} \right)^{1-\sigma} \left(\frac{P_{jt} C_{jt}}{E_t} \right)^{\frac{\varepsilon_i - \varepsilon_j}{\varepsilon_j - \sigma}} \left(\frac{P_{jt}}{E_t} \right)^{(\sigma-1)\frac{\varepsilon_i - \varepsilon_j}{\varepsilon_j - \sigma}} \tag{5.26}$$

最小化部门相对支出的模型值与真实值之差的平方和，校准得到相关参数的值，结果如表 5-3 所示。

---

① 均衡条件的具体求解过程见本章附录。

表5-3 非位似 CES 偏好的参数校准结果

参数	Ω_s	Ω_g	σ	$\varepsilon_s - \varepsilon_g$
校准结果	1	0.82	0.40	0.16

注：表中的数据由笔者根据数据和模型均衡条件计算得到。

表5-3 的结果显示：当标准化服务部门的偏好参数为 1 时，产品部门的偏好参数为 0.82。两大部门产品之间呈互补关系（$\sigma=0.4<1$），因此随着服务相对价格的上升，家庭对服务的支出份额会逐渐增加。服务部门和产品部门需求的收入弹性之差为 0.16，说明服务部门的需求收入弹性更大，所以随着收入的上升，家庭会减少对产品消费的支出份额，增加对服务的支出份额。

（2）服务业"成本病"的影响因素。同理，在非位似 CES 效用函数假设下，分别将相对价格和收入固定在基期不变，讨论价格效应和收入效应对结构转型和服务业"成本病"的影响，结果如图5-6 所示。

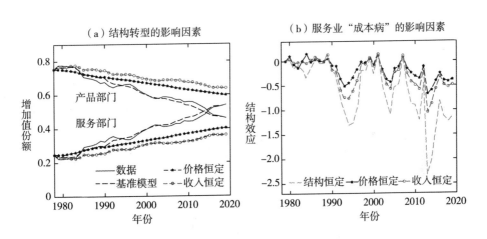

图5-6 非位似 CES 偏好下服务业"成本病"的影响因素

由图5-6（a）可知，在非位似 CES 效用函数假设下，结构转型由价格效应和收入效应共同驱动，其中收入效应的影响稍微大一些。图5-6（b）显示，价格恒定和收入恒定下服务业"成本病"的变动幅度也类似，收入恒定下的结构效应比价格恒定时的更小，且两者均为负值。

（三）对比分析三种效用函数

本章讨论了 PIGL 效用函数、Stone-Geary 效用函数和非位似 CES 效用函数，这三者都可以用来刻画代表性家庭的非位似偏好，但是它们之间主要存在以下几个不同点：

第一，不同偏好假设下的结构转型主要动力不相同，对服务业"成本病"的影响也不同。在采用 PIGL 效用函数时，价格效应和收入效应对结构转型的影响相似，价格效应的影响稍微大一些。Stone-Geary 效用函数下，结构转型主要由价格的变化驱动，而非位似 CES 效用函数下结构转型更多地由收入的变化驱动。这些不同的结果取决于它们具有不同的特点。

第二，Stone-Geary 效用函数的非位似偏好由产品满足生存的最低消费量和服务的禀赋性消费量来刻画；但这两者是常数，由它们刻画的非位似偏好对结构转型的影响会随着时间的推移而减弱，在长期中趋近于 0，所以 Stone-Geary 效用函数无法刻画长期的非位似偏好。PIGL 效用函数和非位似 CES 效用函数克服了这一点，它们可以刻画长期的收入效应，收入变化对结构转型的影响也更大。

第三，非位似 CES 效用函数框架下，产品和服务之间的替代弹性是常数，在不同时间下，两者的替代性不会发生变化。PIGL 效用函数可以刻画一个可变的替代弹性，其相对价格变化对结构转型的影响会更大。但由于模型的设定，PIGL 效用函数更适合两部门模型的分析。

第四，这三种效用函数还在是否可得到总量平衡增长路径、弹性是否独立、效用是否可加等方面存在不同的特点。应根据分析的具体问题选择更适合的效用函数假设。本书的第六章将在两部门模型的分析中采用 PIGL 效用函数假设，第七章将在嵌套的三部门模型的分析中采用非位似 CES 效用函数假设。

值得说明的是，在分析服务业"成本病"问题时，对效用函数的假设是比较重要的，它会影响收入效应的大小。此外，因为相对价格的差异主要源于相对生产率的差异，所以下面讨论相对生产率增长率变化对服务业"成本病"的影响。

图 5-7 是采用 PIGL 效用函数时三种反事实分析下结构效应的模型值，可以发现，虽然收入和相对价格都会影响结构效应的大小，但令服务部门的劳动生产率增长率取产品部门的值时，总体劳动生产率增长率会有更大幅度的增长，导致结构效应更大，这说明生产率增长率的大小是影响服务业"成本病"的关键因素。艾肯格林和铂金斯等（2015）讨论了服务业生产率低的原因，但是他们的研究也缺乏数据和理论的分析。本章则主要考虑需求侧的非位似偏好和结构转型的动力。

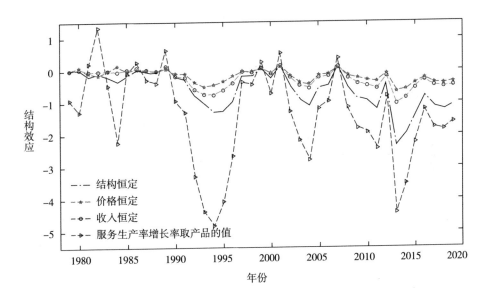

图 5-7 PIGL 偏好下服务业"成本病"的影响因素

本章小结

当前，结构升级是中国经济发展的重要主题，"转型"是升级的关键。本章采用 1978~2019 年中国产品部门和服务部门的就业和增加值数据，建立两部门模型分析中国结构转型的动力和服务业"成本病"的影响因素，并且对比分析模型中满足非位似偏好的三种不同效用函数：PIGL 效用函数、Stone-Geary 效用函数和非位似 CES 效用函数。研究得到以下结论：

第一，中国的产品和服务之间是互补品，所以服务相对价格的上升会带来服务支出份额的增加。此外，服务的需求收入弹性大于产品的需求收入弹性，因此随着收入的提高，家庭也会增加对服务的支出份额。这两个弹性值的大小分布符合 Baumol（1967）的假设，是"助长"服务业"成本病"发展的关键因素。

第二，这三种效用函数均可以很好地刻画收入效应和价格效应对中国结构转型的驱动，但是不同效用函数假设下结构转型的主动力并不相同。PIGL 效用函数假设下价格效应和收入效应对结构转型的影响大小比较接近，但 PIGL 效用函数更适合用于分析两部门的结构转型；Stone-Geary 效用函数下结构转型主要由价格效应带来，但 Stone-Geary 效用函数不能刻画长期的收入效应；非位似 CES 效用函数下结构转型主要由收入效应带来，它可以刻画多部门的结构转型，但是效用不具有可加性。

第三，收入和相对价格的变化都会影响服务业"成本病"，但是与这两者相比，对服务业"成本病"影响更大的是部门间的生产率差异；提高服务业的生产效率是"治愈"服务业"成本病"的关键。

本章主要考虑需求侧的非位似偏好和结构转型的动力，第六章将从生产侧的角度分析部门间的投资结构对服务业"成本病"的影响。

本章附录

（一）Stone-Geary 效用函数假设下两部门模型的均衡条件求解

Stone-Geary 效用函数假设下家庭效用最大化的问题为：

$$\max_{C_{at}, C_{st}} \left[\alpha_g^{\frac{1}{\epsilon}} \left(C_{gt} + \bar{c}_g \right)^{\frac{\epsilon-1}{\epsilon}} + \alpha_s^{\frac{1}{\epsilon}} \left(C_{st} + \bar{c}_s \right)^{\frac{\epsilon-1}{\epsilon}} \right]^{\frac{\epsilon}{\epsilon-1}}$$

s. t.　　$P_{gt}C_{gt}+P_{st}C_{st}=w_tL_t$

求解家庭的效用最大化可得到一阶条件：

$$C_t^{\frac{1}{\epsilon}}\alpha_g^{\frac{1}{\epsilon}}(C_{gt}+\overline{c}_g)^{\frac{-1}{\epsilon}}=\lambda P_{gt} \tag{A5.1}$$

$$C_t^{\frac{1}{\epsilon}}\alpha_s^{\frac{1}{\epsilon}}(C_{st}+\overline{c}_s)^{\frac{-1}{\epsilon}}=\lambda P_{st} \tag{A5.2}$$

λ 为拉格朗日乘子。以上两个等式的两边均乘以（$C_{it}+\overline{c}_i$），再相加，得到 $C_t=\lambda C_t P_t$，所以 $\lambda=1/P_t$。P_tC_t 满足 $P_tC_t=P_{gt}$（$C_{gt}+\overline{c}_g$）$+P_{st}$（$C_{st}+\overline{c}_s$）。

由上面的一阶条件可以求得：

$$\left(\frac{\alpha_g}{\alpha_s}\right)^{\frac{1}{\epsilon}}\left(\frac{C_{gt}+\overline{c}_g}{C_{st}+\overline{c}_s}\right)^{-\frac{1}{\epsilon}}=\frac{P_{gt}}{P_{st}} \tag{A5.3}$$

一阶条件等式左右两边同时乘以 $\dfrac{C_{gt}+\overline{c}_g}{C_{st}+\overline{c}_s}$，整理得到：

$$\frac{P_tC_t}{P_{st}(C_{st}+\overline{c}_s)}=\left(\frac{\alpha_g}{\alpha_s}\right)^{\frac{1}{\epsilon}}\left(\frac{C_{gt}+\overline{c}_g}{C_{st}+\overline{c}_s}\right)^{\frac{\epsilon-1}{\epsilon}}+1$$

所以：

$$\frac{P_tC_t}{P_{st}(C_{st}+\overline{c}_s)}=\frac{\alpha_g}{\alpha_s}\left(\frac{P_{gt}}{P_{st}}\right)^{1-\epsilon}+1 \tag{A5.4}$$

同理，可以求得：

$$\frac{P_tC_t}{P_{it}(C_{it}+\overline{c}_i)}=\frac{\sum_i \alpha_i P_{it}^{1-\epsilon}}{\alpha_i P_{it}^{1-\epsilon}}\quad i=g,\ s$$

其中，等式两边同时求倒数，并乘以 $\dfrac{P_tC_t}{w_tL_t}$，整理得到：

$$\frac{P_{it}(C_{it}+\overline{c}_i)}{w_tL_t}=\frac{\alpha_i P_{it}^{1-\epsilon}}{\sum_i \alpha_i P_{it}^{1-\epsilon}}\frac{P_tC_t}{w_tL_t} \tag{A5.5}$$

由式（A5.5）可以整理得到 i 部门产品的支出份额。

（二）非位似 CES 效用函数假设下两部门模型的均衡条件求解

由代表性家庭的效用最大化问题可以得到 i 部门产品的需求函数。代表性家庭将收入分配在两大部门的消费上，最大化每一期的效用：

$$\max_{C_{it}} \sum_i \Omega_i^{\frac{1}{\sigma}} C_t^{\frac{\varepsilon_i}{\sigma}} C_{it}^{\frac{\sigma-1}{\sigma}}$$

s. t. $\quad \sum_i P_{it} C_{it} = w_t L_t$

效用最大化问题可以写为下面的拉格朗日的形式：

$$\mathcal{L} = \sum_i \Omega_i^{\frac{1}{\sigma}} C_t^{\frac{\varepsilon_i}{\sigma}} C_{it}^{\frac{\sigma-1}{\sigma}} - \mu_t \left(\sum_i P_{it} C_{it} - E_t \right) \tag{A5.6}$$

可得到一阶条件：$\Omega_i^{\frac{1}{\sigma}} C_t^{\frac{\varepsilon_i}{\sigma}} C_{it}^{\frac{-1}{\sigma}} \dfrac{\sigma-1}{\sigma} = \mu_t P_{it}$。

等式两边同时乘以 C_{it}，并且两个部门相加，得到：

$$\sum_i \Omega_i^{\frac{1}{\sigma}} C_t^{\frac{\varepsilon_i}{\sigma}} C_{it}^{\frac{\sigma-1}{\sigma}} \frac{\sigma-1}{\sigma} = \mu_t \sum_i P_{it} C_{it}$$

$$\mu_t = \frac{\sigma-1}{\sigma} \frac{1}{P_t} \tag{A5.7}$$

将 μ_t 代入一阶条件可以得到：

$$\Omega_i^{\frac{1}{\sigma}} C_t^{\frac{\varepsilon_i}{\sigma}} C_{it}^{\frac{-1}{\sigma}} = \frac{1}{P_t} P_{it}$$

整理得到家庭对 i 部门产品的需求：

$$C_{it} = \Omega_i \left(\frac{P_{it}}{P_t} \right)^{-\sigma} C_t^{\varepsilon_i} \tag{A5.8}$$

其中 P_t 是平均价格指数，满足：

$$P_t = \frac{\sum_i P_{it} C_{it}}{C_t} = \frac{1}{C_t} \left[\sum_i \Omega_i P_{it}^{1-\sigma} C_t^{\varepsilon_i-\sigma} \right]^{\frac{1}{1-\sigma}} \tag{A5.9}$$

由需求函数可以推导得到支出份额：

$$\frac{P_{it} C_{it}}{P_t C_t} = \frac{P_{it} \Omega_i \left(\frac{P_{it}}{P_t} \right)^{-\sigma} C_t^{\varepsilon_i}}{P_t C_t} = \Omega_i \left(\frac{P_{it}}{P_t C_t} \right)^{1-\sigma} C_t^{(\varepsilon_i-1)(1-\sigma)} \tag{A5.10}$$

考虑到 C_t 是总效用，与总消费的概念并不相同，由等式（A5.8）可以

整理得到：$C_t = \left[\dfrac{C_{it}}{\Omega_i} \left(\dfrac{P_{it}}{P_t C_t} \right)^{\sigma} \right]^{\frac{1}{\varepsilon_i-\sigma}}$，代入式（A5.10），得到：

$$\frac{P_{it}C_{it}}{P_tC_t}=\Omega_i\left(\frac{P_{it}}{P_tC_t}\right)^{1-\sigma}\left[\frac{C_{it}}{\Omega_i}\left(\frac{P_{it}}{P_tC_t}\right)^{\sigma}\right]^{\frac{(\varepsilon_i-1)(1-\sigma)}{\varepsilon_i-\sigma}} \qquad (\text{A5.11})$$

由式（A5.8）可以整理得到 i 部门产品的相对支出：

$$\frac{P_{it}C_{it}}{P_{jt}C_{jt}}=\frac{\Omega_i}{\Omega_j}\left(\frac{P_{it}}{P_{jt}}\right)^{1-\sigma}C_t^{\varepsilon_i-\varepsilon_j} \qquad (\text{A5.12})$$

代入 $C_t=\left[\frac{C_{it}}{\Omega_i}\left(\frac{P_{it}}{E}\right)^{\sigma}\right]^{\frac{1}{\varepsilon_i-\sigma}}$，可以得到两部门的相对支出份额：

$$\frac{P_{it}C_{it}}{P_{jt}C_{jt}}=\frac{\Omega_i}{\Omega_j^{1+\frac{\varepsilon_i-\varepsilon_j}{\varepsilon_j-\sigma}}}\left(\frac{P_{it}}{P_{jt}}\right)^{1-\sigma}\left(\frac{P_{jt}C_{jt}}{E_t}\right)^{\frac{\varepsilon_i-\varepsilon_j}{\varepsilon_j-\sigma}}\left(\frac{P_{jt}}{E_t}\right)^{(\sigma-1)\frac{\varepsilon_i-\varepsilon_j}{\varepsilon_j-\sigma}} \qquad (\text{A5.13})$$

（三）两部门下非位似 CES 偏好假设效用函数参数的识别方法

根据式（A5.13）：

$$\frac{P_{st}C_{st}}{P_{gt}C_{gt}}=x(1)\left(\frac{P_{st}}{P_{gt}}\right)^{x(2)}\left(\frac{P_{gt}C_{gt}}{E_t}\right)^{x(3)}\left(\frac{P_{gt}}{E_t}\right)^{x(4)}$$

在满足 $x(2)x(3)+x(4)=0$ 的条件下，找到使得等号两边之差的平方和

最小的一组 $x(i)$，由此得到参数值；其中：$\Omega_g+\Omega_s=1$、$x(1)=\dfrac{\Omega_s}{\Omega_g^{1+x(3)}}$、

$x(2)=1-\sigma$、$x(3)=\dfrac{\varepsilon_i-\varepsilon_j}{\varepsilon_j-\sigma}$。

第六章

─ 投资结构转型与服务业"成本病" ─

投资是拉动中国经济增长的重要动力。随着固定资产投资增速放缓，优化投资结构尤其重要。本章假设经济中存在产品和服务两个部门，两个部门采用劳动和资本进行生产，产出可用于消费或者投资，构建两部门模型分析投资结构及其相关参数对结构转型和服务业"成本病"的影响。研究发现：最终投资品生产过程中产品和服务投入的替代弹性为 0.29，两种投入是互补关系，因此，服务相对价格的上涨会增加服务部门的投资份额。随着替代弹性的上升，最终投资品的生产会增加相对价格较低的产品的投入，减少相对价格较高的服务的投入；服务部门的投资份额会下降，服务业"成本病"对总体劳动生产率增长率的负向影响也更小。在本章的分析框架下，增加投资率和产品部门的投资份额可以提高总体劳动生产率增长率，减弱服务业"成本病"。

一、引言

与发达国家相比，中国的投资率较高，消费率较低。Wolff（1991）认为，资本积累和资本与劳动投入比的增加有利于促进全要素生产率的提升。Krugman（1994）和 Young（2003）指出，中国的经济增长主要是依靠大规模的资本积累和密集的劳动力投入拉动的。作为拉动经济增长的"三驾马车"之一，投资是促进经济发展的有力措施。在很长的一段时间内，中国经济的增长由投资拉动，资本存量是实际增加值的两倍甚至三倍以上。特别是2008年，为应对金融危机，中国政府推出了"四万亿"计划；《中国统计年鉴》数据显示，2009年资本形成总额对国内生产总值增长贡献率高达85.3%。受益于相关政策的辅助，2008年之后我国国内生产总值大体保持稳定增长。到2018年，资本形成总额对国内生产总值增长贡献率也依旧较高，为41.5%。随着投资增速放缓，优化投资结构尤其重要。

现有结构转型的研究中，一般假设代表性企业在生产中采用劳动力、资本、土地等作为投入品，用增加值结构、消费结构和就业结构的变化度量结构转型；假设投资由独立的部门生产或者仅由制造业生产，忽略对投资结构的讨论（如 Ngai 和 Pissarides，2007；Dennis 和 İşcan，2009；Herrendorf 和 Rogerson 等，2014；Święcki，2017）。但实际上服务业增加值用于投资的比例很高，并且这一比例在不断增加；投资由独立部门生产或者仅由制造业生产的假设与事实不符，忽略投资结构不利于客观分析服务业的实际发展情况。

本章参考 Herrendorf 和 Rogenson 等（2020）的方法假设经济中存在产品和服务两个部门，两个部门采用劳动和资本进行生产，产出可用于消费或者投资。在这一模型假设下，可以分析增加值结构、消费结构、投资结构①、

---

① 假设两部门的增加值均可用于投资或消费，本章的投资结构均指各部门的投资占总投资的比例分布，等同于投资的各部门增加值构成。每期的投资积累而成的资本存量可作为资本投入于生产。

就业结构及投资率等的变化。本章主要分析投资结构及其相关参数变动对中国服务业发展及服务业"成本病"的影响，发现与不考虑投资结构相比，提高投资率和产品部门的投资份额可以提高总体劳动生产率增长率，减弱服务业"成本病"。

与本章研究相近的论文主要有两篇。Herrendorf 和 Rogenson 等（2020）基于美国的历史数据建立了一个考虑投资结构、允许结构转型的一般均衡模型，分析总量平衡增长路径的存在性和特征。本章参考他们的研究建立有劳动和资本作为投入、生产产品和服务、产出可用于消费和投资的两部门模型，并在他们的基础上进行拓展，研究投资结构的相关变量和参数的变化对结构转型及服务业"成本病"的影响。此外，本章在模型中引入了"税收"参数以刻画不同部门间全要素生产率（TFP）与相对价格的差异。

郭凯明和余靖雯等（2018）基于中国的数据研究了投资和结构转型。他们通过建立一个两部门模型对中国的投资结构、增加值结构和就业结构进行了分析。本章的研究与他们的研究有如下几点不同：第一，郭凯明和余靖雯等（2018）将总体经济分为农业部门与非农业部门，而本章考虑产品部门与服务部门，主要关注服务业的发展。第二，他们假设效用满足 Stone-Geary 函数的形式，本章采用 PIGL 效用函数的假设，避免 Stone-Geary 效用函数的一些短板。第三，他们分析投资率和投资结构变化对劳动生产率的影响，本章还讨论了最终投资品生产中的替代弹性对结构的影响，并且进一步分析它们对服务业"成本病"的影响。

本章的结构安排如下。第一部分为引言。第二部分分析 2000～2017 年中国消费结构、投资结构、增加值结构和投资率变化的特征事实，并对扣除价格因素后的实际消费支出、实际投资和实际增加值进行讨论。第三部分建立两部门模型研究产品部门和服务部门结构转型的特征，求解模型的均衡条件。第四部分是量化分析，结合现实数据对模型进行校准，并且通过反事实分析，研究投资相关变量和参数的变化对服务业"成本病"的影响。

二、结构变化的经验事实

（一）数据来源与处理

本章主要分析中国产品部门与服务部门的结构转型，数据来源于《中国统计年鉴》和国家间投入产出数据库（World Input-Output Database，WIOD），主要包括各行业的名义增加值、最终消费、资本形成总额、就业人数、增加值指数和固定资产投资价格指数等数据。在分析增加值份额时，主要使用名义增加值计算，在研究生产率和经济增长时则利用实际增加值进行计算。可根据名义增加值和增加值指数计算得到实际增加值，再由名义增加值除以实际增加值得到增加值的价格指数。当用支出法核算国民收入时增加值等于消费、投资与净出口之和，对应在统计数据上分别是最终消费、资本形成总额与净出口。本章的分析不考虑进口与出口，假设资本形成总额为投资支出，最终消费与净出口之和为消费支出。由于在观测期内净出口占总增加值很小的一部分，平均份额为 3.4%，因此将净出口归为消费的处理并不会影响整体分析结果。基于可用的分行业投资的数据限制，本章研究的时间范围是 2000~2017 年，变量的实际值均以 2000 年的价格为基期。

计算中国分行业资本存量的大小需要讨论及确定的有分行业资本形成总额、初始资本存量、投资价格指数与折旧率等变量。参考颜色和郭凯明等（2018）的计算方法，利用 WIOD 数据计算得到 2000~2014 年的分行业资本形成总额数据；并在此基础上，结合数据变化趋势和《中国统计年鉴》中相关数据的值，预测得到 2015~2017 年的分行业资本形成总额。结合田友军（2016）计算的 2000 年的分行业资本存量和单豪杰（2008）计算的资本存量的隐含平减指数，估算得到 2000 年分行业资本存量。假设资本形成总额价格指数等于固定资产投资价格指数，用以 2000 年为基期的价格指数对分行业的资本形成总额进行平减；另假设折旧率为10%。结合以上数据可按照永续盘存法估算资本存量的大小。

（二）中国结构转型的特点

本部分主要分析2000~2017年中国投资和消费的产业增加值构成的分布特点。为聚焦对服务业的分析，将经济分为产品和服务两个部门，其中产品部门包括农业和工业。当假设每个部门的增加值可用于消费和投资时，对结构的分析比不考虑投资时更为细致。本章参考 Herrendrof 和 Rogerson 等（2020）的定义，将结构分为广义（Extensive Margin）和狭义（Intensive Margin）的概念。其中，广义的结构指名义增加值中投资和消费的组成结构，狭义的结构则指投资内部各行业的组成结构及消费内部各行业的组成结构；广义结构和狭义结构共同决定部门名义增加值的变化。在考虑广义和狭义结构转型概念的情况下，服务部门的名义增加值份额可表达为：

$$\frac{Y_{st}P_{st}}{Y_tP_t}=\frac{(C_{st}+X_{st})P_{st}}{Y_tP_t}=\frac{E_t}{Y_tP_t}\frac{C_{st}P_{st}}{E_t}+\frac{X_t}{Y_tP_t}\frac{X_{st}P_{st}}{X_t} \tag{6.1}$$

式中，属于广义结构的是 $\frac{E_t}{Y_tP_t}$ 和 $\frac{X_t}{Y_tP_t}$，分别代表消费支出和投资支出占

名义增加值的比重；属于狭义结构的是 $\frac{C_{st}P_{st}}{E_t}$ 和 $\frac{X_{st}P_{st}}{X_t}$，分别代表服务部门的

消费支出占总消费支出的比重和服务部门的投资占总投资的比重；产品部门的份额与服务部门的份额加总为1。图6-1展示了2000~2017年中国结构转型的特点。

图6-1（a）和（b）属于狭义结构的范畴。由图6-1（a）可发现，消费结构中服务部门的份额均保持上升的趋势，到2017年达到了66%；同时，产品部门的份额呈现下降趋势。图6-1（b）显示，投资结构中服务部门的份额大体上呈现缓慢上升的特点，且服务部门投资份额较低。与消费结构相比，投资结构的变化幅度更小，但其结构组成有截然不同的特点。图6-1（c）是投资占增加值的份额，也称投资率，消费占增加值的份额则等于

1-投资率; 两者均是广义结构的概念。观测期内中国的投资率分布在 0.34 ~
0.47, 呈先上升而在 2011 年之后又下降的变化趋势。图 6-1 (d) 显示, 中
国服务部门的增加值份额逐渐扩大, 2015 年服务部门增加值份额超过产品部
门, 呈明显的上升趋势。

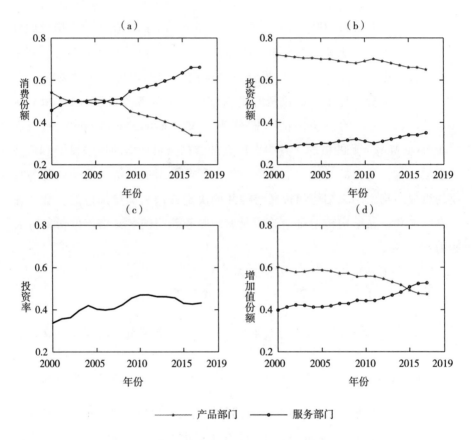

图 6-1　中国的消费、投资和增加值结构与投资率

资料来源: 图中数据由笔者根据历年《中国统计年鉴》与 WIOD 数据整理得到, 下同。

由式 (6.1) 可知, 增加值份额同时受广义结构和狭义结构的影响。总
体而言, 从狭义结构角度来看, 消费结构的转变幅度大于投资结构的转变幅
度, 且服务部门份额的大小在两者中的分布相反; 从广义结构角度来看, 投
资率与消费率的变化幅度均不大。从增加值的角度来看, 消费份额影响增加
值份额的变动方向, 投资份额影响增加值份额的整体水平。

由于产品价格和服务价格的增长率并不相同,图6-1展示的名义增加值份额的分布与变化可能是来源于相对价格的变化,因此在图6-2中分析相对价格和扣除价格变化因素的实际增加值的分布特点。

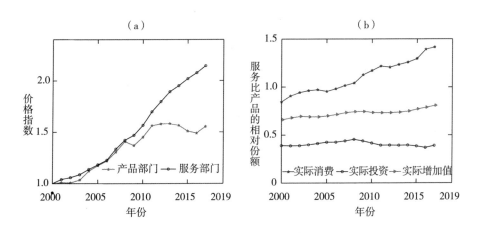

图6-2　价格指数与相对实际支出

注:服务部门的相对实际消费指服务部门的实际消费支出除以产品部门的实际消费支出,服务部门的相对实际投资和相对实际增加值的计算与此类似。

图6-2(a)显示,2008年之前产品和服务的价格变化十分接近,但是2008年之后服务的价格持续上升,产品的价格上升得较慢;2011年之后,产品的价格出现了停滞甚至略微的下降。值得思考的是,在图6-1中服务部门的消费份额、投资份额与增加值份额的上升是来源于服务价格的上升吗?可以通过分析扣除价格因素后服务部门的相对实际消费、相对实际投资与相对实际增加值来回答这一问题。图6-2(b)显示,服务部门的相对实际消费依旧保持上升,相对实际增加值只有很小幅度的上升,相对实际投资曲线则趋于水平。由此可知,服务部门的消费支出份额确实在上升,但服务部门的投资份额和增加值份额的上升主要来源于其相对价格的上涨。结合图6-1和图6-2可以发现,相对价格变化对结构组成有很大的影响。

三、两部门模型的构建

（一）模型假设

1. 生产者技术

将总体经济分为产品部门和服务部门，两个部门的代表性生产者投入资本和劳动进行生产。假设生产函数为常用的柯布—道格拉斯生产函数，满足下面的等式：

$$Y_{it} = A_{it} K_{it}^{\theta} L_{it}^{1-\theta} \tag{6.2}$$

式中，t 代表时间；i 代表不同部门，$i = \{g, s\}$。Y 为产出，每个部门的产出可以用于消费或投资，$Y_{it} = C_{it} + X_{it}$。A 表示全要素生产率（TFP），L 表示劳动力投入数量，K 表示资本投入。$\theta \in (0, 1)$，是资本份额参数。

最终投资品 X_t 由两部门的投资按照 CES 加总的方式生成，假设 X_t 满足下面的等式：

$$X_t = A_{xt} \left(\Omega_g^{\frac{1}{\sigma_x}} X_{gt}^{\frac{\sigma_x - 1}{\sigma_x}} + \Omega_s^{\frac{1}{\sigma_x}} X_{st}^{\frac{\sigma_x - 1}{\sigma_x}} \right)^{\frac{\sigma_x}{\sigma_x - 1}} \tag{6.3}$$

式中，$\sigma_x \in [0, \infty)$ 为两种投入品（X_{gt} 和 X_{st}）间的替代弹性，当 $\sigma_x < 1$ 时，两种投入是互补关系，反之则是替代关系。Ω_i 为投入偏好份额参数，$\Omega_i \in (0, 1)$，且 $\sum_i \Omega_i = 1$。A_{xt} 是最终投资品生产过程中的技术参数，结合投入产出数据和相关参数的值计算得到。

假设产品市场、资本市场和劳动力市场都是完全竞争的，不同部门的劳动力工资和投资的收入均相同。假设行业 i 的代表性生产者在雇佣每一单位劳动力时面临一个外生的成本 τ_{it}，可理解为税收（或补贴），用以刻画由劳动力在部门间转移时的摩擦带来的不同行业生产技术的差异。在每一个时期中，部门 i 的代表性生产者在外生给定产品价格 P_{it}、劳动力工资 w_t 和税收 τ_{it} 的情况下选择劳动力投入和资本投入以实现利润最大化。其中资本投入 K_t 为资本存量，按照永续盘存法估算得到，假设 δ 为资本存量的折旧率，资本积累过程满足等式 $K_t = X_t + (1-\delta)K_{t-1}$。

2. 家庭的效用

假设代表性家庭的效用满足常跨期替代弹性，不考虑贴现，求解家庭每一期的效用最大化问题。参考 Boppart（2014）的假设，采用偏好是非位似的 PIGL 间接效用函数。代表性家庭的效用函数满足如下等式：

$$V(E_t, P_{gt}, P_{st}) = \frac{1}{\varepsilon}\left(\frac{E_t}{P_{st}}\right)^{\varepsilon} - \frac{v}{\gamma}\left(\frac{P_{gt}}{P_{st}}\right)^{\gamma} - \frac{1}{\varepsilon} + \frac{v}{\gamma} \tag{6.4}$$

式中，E_t 是代表性家庭用于消费的总支出，P_{gt}、P_{st} 分别为产品和服务的价格，与参数 v、γ、ε 共同影响代表性家庭的效用。其中，假设 $v>0$，$1>\gamma>\varepsilon>0$。当 $\varepsilon=0$ 时，效用函数简化为位似偏好效用，产品部门和服务部门的收入弹性均等于 1；当 $\varepsilon>0$ 时，服务部门产品的收入弹性大于 1，而产品部门的收入弹性小于 1。当满足 $1>\gamma>\varepsilon>0$ 时，替代弹性小于 1。值得指出的是，γ 并不代表产品和服务之间的替代弹性；模型假设下替代弹性是可变的，具体的形式可参考 Boppart（2014）的讨论。

3. 资源约束

假设在均衡状态下劳动力市场、资本市场和产品市场出清，总产出用于投资和消费，由此得到如下资源约束条件：

$$L_t = L_{gt} + L_{st} \tag{6.5}$$

$$K_t = K_{gt} + K_{st} \tag{6.6}$$

$$Y_{it} = C_{it} + X_{it} \tag{6.7}$$

（二）均衡求解

结合代表性生产者利润最大化一阶条件、家庭效用最大化一阶条件和资源约束条件可以求解得到模型的一般均衡。

1. 生产者利润最大化

代表性生产者利润最大化的问题为：

$$\max_{L_{it}, K_{it}} \{P_{it} A_{it} K_{it}^{\theta} L_{it}^{1-\theta} - R_t K_{it} - (1+\tau_{it})w_t L_{it}\}$$

分别对 K_{it}、L_{it} 求导，可以得到一阶条件：

$$\theta P_{it} A_{it} K_{it}^{\theta-1} L_{it}^{1-\theta} = R_t \qquad (6.8)$$

$$(1-\theta) P_{it} A_{it} K_{it}^{\theta} L_{it}^{-\theta} = (1+\tau_{it}) w_t \qquad (6.9)$$

结合以上两式可整理得到：

$$\frac{K_{it}}{L_{it}} = \frac{\theta(1+\tau_{it}) w_t}{(1-\theta) R_t} \qquad (6.10)$$

由不同行业对劳动力求导的一阶条件整理得到：

$$\frac{P_{it}}{P_{jt}} = \frac{A_{jt}}{A_{it}} \left(\frac{1+\tau_{it}}{1+\tau_{jt}} \right)^{1-\theta} \qquad (6.11)$$

由式（6.11）可知，产品相对价格与相对劳动生产率呈负相关关系，与税收水平呈正相关关系。接下来分析最终投资品生产的优化问题，由投资的生产函数可以得到它的优化方程式：

$$\max_{X_{it}} \left\{ P_{xt} A_{xt} \left(\sum_i \Omega_i^{\frac{1}{\sigma_x}} X_{it}^{\frac{\sigma_x-1}{\sigma_x}} \right)^{\frac{\sigma_x}{\sigma_x-1}} - \sum_i P_{it} X_{it} \right\}$$

由一阶条件可整理得到：

$$\frac{P_{it} X_{it}}{P_{jt} X_{jt}} = \frac{\Omega_i}{\Omega_j} \left(\frac{P_{it}}{P_{jt}} \right)^{1-\sigma_x}$$

结合式（6.11），整理得到：

$$\frac{P_{it} X_{it}}{P_{jt} X_{jt}} = \frac{\Omega_i}{\Omega_j} \left[\frac{(1+\tau_{jt}) A_{jt}}{(1+\tau_{it}) A_{it}} \right]^{1-\sigma_x} \qquad (6.12)$$

2. 家庭效用最大化

代表性家庭将总收入分配在产品和服务的消费上以使效用最大化。由间接效用函数和罗伊恒等式可以推导得到产品部门支出份额的等式：

$$\frac{P_{gt} C_{gt}}{E_t} = v \left(\frac{E_t}{P_{st}} \right)^{-\varepsilon} \left(\frac{P_{gt}}{P_{st}} \right)^{\gamma} \qquad (6.13)$$

由式（6.13）可知，当 $\varepsilon > 0$ 时，随着消费总支出 E_t 的增加，产品部门的消费支出份额会下降；这意味着服务部门的消费支出份额会上升。结合式（6.2）、式（6.10）和式（6.11）可整理得到名义增加值份额与就业份额的关系。以 i 部门为例：

$$\frac{Y_{it} P_{it}}{\sum_i Y_{it} P_{it}} = \frac{P_{it} A_{it} K_{it}^{\theta} L_{it}^{1-\theta}}{\sum_i P_{it} A_{it} K_{it}^{\theta} L_{it}^{1-\theta}} = \frac{L_{it}}{L_{it} + \dfrac{(1+\tau_{jt}) L_{jt}}{(1+\tau_{it})}}$$

当 $\tau_{it}=0$ 时，名义增加值份额等于就业份额。根据上式可以推导得到就业份额的表达式：

$$\frac{L_{it}}{L_t}=\frac{1}{1+\left(\dfrac{\sum\limits_i Y_{it}P_{it}}{Y_{it}P_{it}}-1\right)\dfrac{(1+\tau_{it})}{(1+\tau_{jt})}} \tag{6.14}$$

总体劳动生产率可表示为 $\dfrac{Y_t}{L_t}=\dfrac{Y_{gt}}{L_{gt}}\dfrac{L_{gt}}{L_t}+\dfrac{Y_{st}}{L_{st}}\dfrac{L_{st}}{L_t}$，由就业份额和部门劳动生产率共同决定。

3. 均衡讨论

接下来分别讨论均衡下投资和消费的产业增加值分布的特征。就投资结构而言，由投资品生产的一阶条件可知，产品部门与服务部门的相对名义投资与两者的相对价格及替代弹性相关。当相对价格保持不变时，替代弹性上升会增加相对价格较低的产品部门的投资份额；产品价格和服务价格差异越大，替代弹性增加带来的产品部门投资份额变化的幅度也越大。若未来服务价格的增长速度高于产品价格的增长速度，则服务部门投资份额会继续上涨。

由间接效用函数和罗伊恒等式计算得到产品的消费支出份额为：

$$\frac{P_{gt}C_{gt}}{E_t}=v\left(\frac{E_t}{P_{st}}\right)^{-\varepsilon}\left(\frac{P_{gt}}{P_{st}}\right)^{\gamma} \tag{6.15}$$

参考 Boppart（2014）的讨论，当满足 $1>\gamma>\varepsilon>0$ 时，产品和服务是互补品；当服务价格上涨时，产品的消费支出份额会下降，而服务部门的份额会上升。

结合投资结构、消费结构和投资率可分析部门的名义增加值份额。参考式（6.1），服务部门的名义增加值份额为：

$$\frac{Y_{st}P_{st}}{\sum\limits_i Y_{it}P_{it}}=\frac{(C_{st}+X_{st})P_{it}}{\sum\limits_i Y_{it}P_{it}}=\frac{\sum\limits_i C_{it}P_{it}}{\sum\limits_i Y_{it}P_{it}}\frac{C_{st}P_{st}}{\sum\limits_i C_{it}P_{it}}+\frac{\sum\limits_i X_{it}P_{it}}{\sum\limits_i Y_{it}P_{it}}\frac{X_{st}P_{st}}{\sum\limits_i X_{it}P_{it}}$$

$$\tag{6.16}$$

由此可知，名义增加值份额的大小受消费率、消费结构、投资率与投资结构共同影响。

四、量化分析

这部分主要进行模型的参数校准与反事实模拟分析。首先，通过已有数据和模型的均衡条件，校准得到相关参数，并对关键参数进行讨论。其次，通过反事实分析，研究劳动生产率、税收等保持在基期不变后对相关变量的影响大小。最后，计算几种反事实情况下的结构变化和劳动生产率增长率的结构效应的变化，讨论投资结构对服务业"成本病"的影响。在本章的分析框架下，增加投资率和产品部门的投资份额可以提高总体劳动生产率增长率，减弱服务业"成本病"；当最终投资品生产过程中服务与产品投入的替代弹性增加时，服务业"成本病"对总体劳动生产率增长率的负向影响也更小。

（一）参数校准

本章主要结合 WIOD 数据库、历年《中国统计年鉴》和国家统计局公布的数据，研究 2000~2017 年中国的结构转型与生产率变化。模型中需要校准的参数有生产侧的全要素生产率、工资水平、税收及最终投资品生产部门的替代弹性，需求侧的偏好参数及弹性参数。

先讨论关于生产侧的参数校准。参考 Zhu（2012）的假设，取柯布—道格拉斯生产函数中资本份额参数 θ 为 0.5，结合投入和产出数据计算得到两部门的全要素生产率 A_g、A_s。工资水平可以结合劳动力投入的一阶条件和相关数据计算得到；假设产品部门的税收水平为 0，利用式（6.11）求解服务部门的相对税收水平。

最终投资品部门的生产侧参数可以根据最终投资品生产部门的一阶条件求解得到，令 $\tilde{X}$ 代表 X 的真实值，最小化由式（6.12）计算得到的模型值和真实值之差，即：

$$\min\left\{\frac{P_{it}X_{it}}{P_{jt}X_{jt}}-\frac{\widetilde{P_{it}X_{it}}}{P_{jt}X_{jt}}\right\}^2$$

由上面的最小化问题可以求解得到最终投资品部门的生产侧参数Ω_i、σ_x。

关于需求侧的参数校准，可根据满足家庭效用最大化条件下的均衡等式求解效用函数的参数，使均衡等式（6.13）左右两边之差最小化求得参数v、ε、γ的值。

$$\min\left\{\frac{P_{gt}C_{gt}}{E_t}-\widetilde{\frac{P_{gt}C_{gt}}{E_t}}\right\}^2$$

具体的参数校准结果如表6-1和图6-3所示。

表 6-1　参数校准结果

参数	Ω_g	Ω_s	σ_x	v	ε	γ
校准结果	0.71	0.29	0.29	2.48	0.14	0.88

注：表中的数据由笔者根据数据和模型均衡条件计算得到。

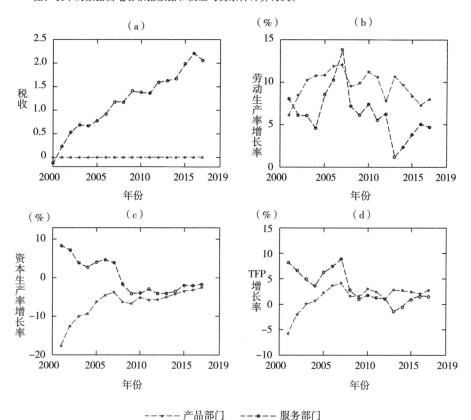

图 6-3　税收和生产率增长率

表6-1中的前三个参数是最终投资品生产函数的相关参数。Ω_i 为最终投资品生产过程中投入要素的偏好参数，$\Omega_g = 0.71$ 说明最终投资品生产中产品的投入份额更高；σ_x 为替代弹性，$\sigma_x = 0.29$ 说明最终投资品的生产中服务与产品这两种投入要素间是互补关系。表6-1的后三个参数是PIGL效用函数的相关参数。三个参数的校准结果满足 $v>0$、$1>\gamma>\varepsilon>0$ 的假设，由此可以推知，产品和服务消费之间的替代弹性小于1，两种消费品是互补关系；代表性家庭对产品部门需求的收入弹性小于1，产品是生活必需品；对服务部门需求的收入弹性大于1，服务是奢侈品。

图6-3为税收和生产率增长率的拟合结果。税收（或补贴）刻画的是产品部门和服务部门之间 $P_{it}A_{it}$ 的差异，由相对价格和相对TFP的大小共同决定。假设产品部门税收为0，计算得到服务部门的相对税收，如图6.3（a）所示。整体而言，$\tau_{st}>0$，说明 $P_{st}A_{st}>P_{gt}A_{gt}$；两部门 τ_{it} 的差距在不断扩大，这可能是由于2008年之前 A_{st} 增速更快，并且2008年之后 P_{st} 也上升更快，所以 $P_{st}A_{st}$ 相对更大。

图6-3（b）、（c）和（d）展现了两部门的劳动生产率增长率、资本生产率增长率及TFP增长率的分布，三个子图的分布呈现完全不同的特点。整体而言，产品部门的劳动生产率增长率一直高于服务部门，但是资本生产率增长率则呈相反的特点，且2010年之后，两部门的资本生产率的水平逐渐接近。TFP增长率则呈现出两阶段分布的特点，2008年之前服务部门的TFP增长率更高，而2008年之后产品部门的TFP增长率更高。若只关注2008年之后的生产率增长率的分布特点，发现产品部门的劳动生产率增长率更高，但是两个部门在资本生产率增长率和TFP增长率方面差距较小；整体而言，这一阶段内产品部门的表现更好一些。对比图6-3的后三个子图可发现，在三种生产率增长率中，两部门的资本生产率和TFP增长率水平逐渐接近，而部门间劳动生产率增长率的差距则有进一步扩大的趋势；由此，对劳动生产率增长率差异的分析最为关键，本书在估算服务业"成本病"时也是使用劳动生产率增长率来度量生产效率。

由效用函数的参数值和式（6.13）的相对消费支出可以计算得到各部门的消费份额。在假设投资率外生的情况下，结合投资份额的模型值和消费份额的模型值可以得到增加值份额的模型值，由式（6.14）可以计算得到就业份额的模型值，结果如图 6-4 所示。

图 6-4 的四个子图分别是关于模型对消费份额、投资份额、增加值份额及就业份额的拟合情况。整体来看，模型可以较好地拟合中国产品部门和服务部门的结构转型，说明 CES 加总的最终投资品生产函数和 PIGL 效用函数均可以较好地刻画中国结构转型的特点。并且，就业份额与消费份额的分布比较接近，服务部门的就业份额稳步增长，但均低于产品部门的就业份额。从就业份额和消费份额的角度看，中国服务业还有较大发展空间。

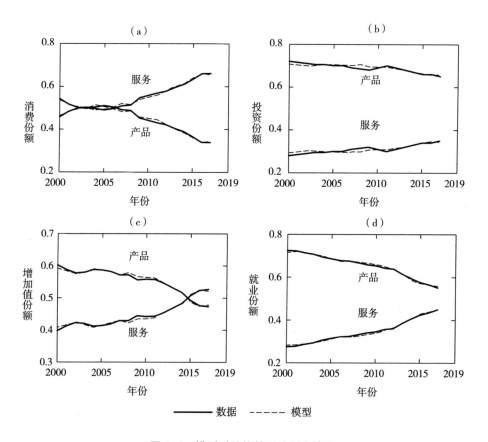

图 6-4　模型对结构转型的拟合情况

（二）投资结构对服务业发展与服务业"成本病"的影响

本部分基于均衡条件和参数值对模型进行反事实分析，讨论投资率、投资结构、投资生产过程中的替代弹性的变化对增加值结构和就业结构的影响。

1. 投资结构对服务业发展的影响

笔者将上文分析的情况定义为基准模型，以下分别改变投资率、投资结构和最终投资品生产过程中对产品和服务投入替代弹性大小的假设，量化它们对增加值结构和就业结构的影响，并计算反事实情况下劳动生产率增长率的结构效应。反事实分析的结果与基准模型之间的差异即为对应因素的影响大小。图6-5展示了服务部门的份额在不同反事实分析情况下的变化。

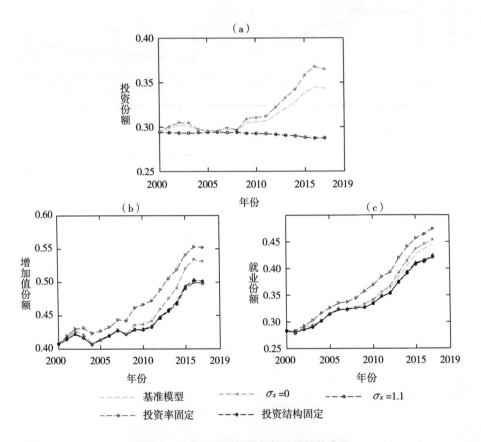

图6-5 反事实分析与服务部门份额的变化

（1）投资率的影响。由模型的设定可知，投资率固定不变的假设不会影响投资结构和消费结构，但是会影响增加值结构和就业结构。假设投资率固定在 2000 年不变，通过式（6.1）和式（6.14）计算此情况下的增加值份额和就业份额，并分析它们与基准模型下的增加值份额和就业份额的差异，得到投资率的变化对结构转型的影响。当假设投资率固定在 2000 年不变时，与基准模型相比增加值份额和就业份额都有略微的下降。结合图 6-1（c）可知，基期的投资率约等于 0.34，与后面时期的投资率相比处于较低水平。由于投资结构中服务比产品的份额低于消费结构中服务比产品的份额，所以当投资率下降之后服务部门的增加值份额会上升。由于观测期内投资率整体变动幅度不大，所以固定投资率的反事实分析结果与基准模型相比变动也不大。

（2）投资结构的影响。将投资结构固定在 2000 年不变，通过式（6.1）和式（6.14）计算此情况下的增加值份额和就业份额，并与基准模型进行对比得到投资结构变化对服务业发展的影响。观察图 6-5（b）和（c）发现，当投资结构固定在基期不变时，服务部门的增加值份额和就业份额与基准模型相比下降了。这是因为，观测期内基期下服务部门的投资份额最小，所以固定投资结构在基期会拉低服务部门的增加值份额，进而拉低其就业份额。

（3）替代弹性的影响。这里分析的替代弹性指最终投资品生产过程中产品和服务投入的替代弹性。模型假设最终投资品由服务和产品投入按照 CES 函数生产，校准得到替代弹性参数 $\sigma_x = 0.29$。但是很多结构转型的研究中假设最终投资品以柯布—道格拉斯函数（即 $\sigma_x = 1$ 时的情况）进行生产，以下分别讨论 $\sigma_x = 0$、$\sigma_x = 1$ 和 $\sigma_x = 1.1$ 时替代弹性对结构转型的影响。

当 $\sigma_x = 0$ 时，最终投资品的生产中服务投入和产品投入之间的替代性为 0，CES 生产函数收敛于固定投入比例的列昂惕夫生产函数。此时，服务投入的实际值份额和产品投入的实际值份额保持不变；但是受相对价格变化的影响，服务投入的名义值份额和产品投入的名义值份额会有变化。由于服务的价格上升较快，图 6-5 中显示，当 $\sigma_x = 0$ 时服务的投资份额在基准模型的基础上出现了较大幅度的上升，服务部门的增加值份额和就业份额也得以增加。

当 $\sigma_x = 1$ 时，服务的投资份额呈一条水平线。因为当 $\sigma_x = 1$ 时，投资部

门的 CES 生产函数收敛于柯布—道格拉斯生产函数；假设不存在扭曲时，最

终投资品生产的均衡条件满足：$\dfrac{P_{gt}X_{gt}}{P_{st}X_{st}}=\dfrac{\Omega_g}{\Omega_s}$。因此，服务投入的名义值份额

和产品投入的名义值份额保持不变，这与将投资结构固定在基期的结果
相同。

当假设 $\sigma_x = 1.1$ 时，服务部门的投资份额出现了下降，紧随其后的是服
务部门的增加值份额和就业份额也出现了下降。由式（6.12）可知，产品部
门与服务部门的相对名义投资与两者的相对价格及替代弹性相关，当替代弹
性大于 1 时，两种投入是替代关系，最终投资品生产者会增加相对价格较低
的产品的投入。所以越大，服务部门的投资份额、增加值份额和就业份额也
越低。

2. 投资结构对服务业"成本病"的影响

基于前文讨论的几种反事实分析的结果，参考等式（4.3）讨论不同情
况下劳动生产率增长率的结构效应会如何发展。结构效应的计算结果如图
6-6 所示。

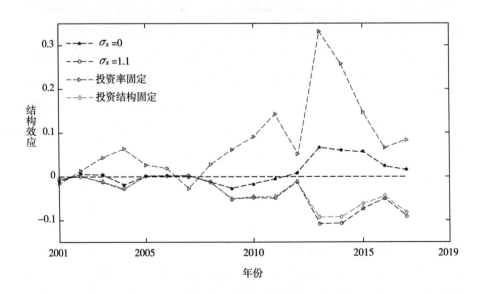

图 6-6 反事实分析下的结构效应

当将投资率固定在 2000 年时，投资率降低到观测期的最小值，相应地

消费率上升了。由于服务部门消费份额较大，因此消费率上升使得服务部门的增加值份额和就业份额上升；与基准模型相比，固定投资率时的总体劳动生产率增长率更低，因此由式（4.3）计算得到了正的结构效应。当将投资结构固定在 2000 年时，服务部门的增加值份额和就业份额出现了下降，得到更高的总体劳动生产率增长率，此时结构效应为负。由此可推知，提高或稳定投资率和产品部门的投资份额可以提高总体劳动生产率增长率，减弱服务业"成本病"。

最终投资品的生产中服务投入和产品投入之间的替代弹性 σ_x 对结构效应的影响如何呢？当 $\sigma_x=0$ 时，两者间不存在替代性，最终投资品生产中产品和服务采用固定的投入比例，两部门投资的实际份额不会发生变化。由于服务部门的相对价格不断上升，其名义投资份额也会上升；在其他条件不变的情况下，服务部门的增加值份额和就业份额也会上升。由于服务部门的劳动生产率增长率较低，所以当 $\sigma_x=0$ 时的总体劳动生产率增长率低于基准模型下的总体劳动生产率增长率，此时得到了正的结构效应。$\sigma_x=1$ 的结果与固定投资结构时的结论相同。

当 $\sigma_x=1.1$ 时，两者间存在替代性。最终投资品的生产会更多地投入相对价格较低的产品，减少对相对价格较高服务的投入；服务部门投资份额的下降，会带来服务部门的增加值份额和就业份额的下降。在假设 $\sigma_x=1.1$ 时，劳动生产率更低的服务部门份额的下降使得这一反事实分析下的总体劳动生产率增长率高于基准模型下的总体劳动生产率增长率，由式（4.3）计算得到了负的结构效应。总而言之，当最终投资品的生产中服务投入和产品投入之间的替代弹性上升时，服务业"成本病"会减弱，当这一替代弹性值下降时，服务业"成本病"会加重。

3. 进一步讨论

以上的分析参考 Zhu（2012）的假设，取柯布—道格拉斯生产函数中资本份额参数 θ 为 0.5，为避免这一取值可能会影响最终的结果和结论，以下分析 θ 分别取 0.3 和 0.7 时结构效应的分布情况，以考察模型结论对它的敏感度；分析的结果如图 6-7 所示。

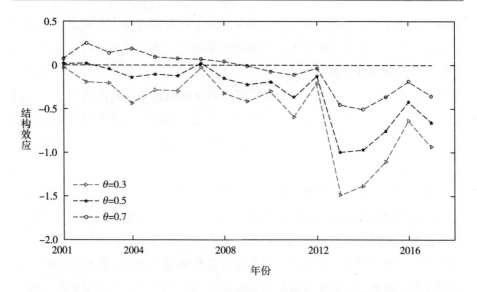

图 6-7 对 θ 取值的敏感度分析

通过观察图 6-7 可以发现，当 θ 取不同值时，采用相同方法计算得到的结构效应之间存在差异，虽然结构效应的值不同，但是相对分布和变化趋势相似；在 2008 年之后，三种情况下的结构效应均为负值，θ 取值不影响本章分析的结果与结论。对比分析发现，θ 取值越大结构效应的绝对值越小，服务业"成本病"也越小，说明在本章的分析框架下，提高生产中的资本份额可以减弱服务业"成本病"。

本章小结

基于各个部门的产出均可用于投资的事实，本章丰富对产业结构的分析维度，将投资结构引入包含结构转型的一般均衡模型中进行讨论，研究投资相关变量与参数的变化对服务业发展与服务业"成本病"的影响。研究主要得到以下结论：

第一，服务业也能生产投资品，且中国的最终投资品生产过程中服务的投入份额逐渐增加。本章的模型假设可以同时用投资份额、消费份额、就业份额和增加值份额分析结构转型，使结构转型的度量方式更加多维和丰富。

第二，与消费结构相比，投资结构与投资率的变化幅度更小一些，而增加值结构的变化幅度位于三者中间。由式（6.16）可知，这是由消费结构、投资结构和投资率相互作用对增加值结构产生影响所致。

第三，由量化分析发现，将投资率固定在基期时结构效应为正，将投资结构固定在基期时的结构效应为负；结合投资率和投资结构的变化趋势可知，提高投资率和产品的投资份额可以提升总体劳动生产率增长率，减弱服务业"成本病"。

第四，最终投资品生产过程中产品和服务投入的替代弹性小于1，是互补品；但随着替代弹性的上升，最终投资品的生产会增加相对价格较低的产品的投入，减少相对价格较高的服务的投入；服务部门的投资份额会下降，服务业"成本病"对总体劳动生产率增长率的负向影响也更小。

合理的投资结构有利于促进社会生产力提升，推动经济协调发展。优化投资结构组成、提高服务业投资生产效益是减弱服务业"成本病"和促进经济高质量发展的重要方式。

第七章

服务业内部结构与服务业"成本病"

　　随着经济的增长与人均收入水平的提高，中国服务业不断发展，逐渐成为三大产业中份额最大的部门。与此同时，随着服务业扩张，由服务业的低生产率增长率等因素引发的服务业"成本病"已经对中国总体经济增长产生了负面的影响。本章从服务业内部结构的角度进行分析，将服务业分为生产性服务业和生活性服务业，讨论服务业内部结构的变化对服务业"成本病"的影响。基于此，本章将构建一个三部门模型，同时分析产品部门与服务部门，及服务业内部的生产性和生活性服务业的结构转型特征，并预测中国未来的服务业"成本病"。研究发现，生产性服务业的增加值份额和就业份额较低，并且其劳动生产率增长率也更低；中国存在生产性服务业发展滞后的问题。推进生产性服务业的发展、提升生产性服务业的劳动生产率增长率，是减弱服务业"成本病"和促进中国经济持续增长的关键。

一、引言

产业结构升级是经济发展新常态阶段下的重要任务，是促进经济稳健发展不可或缺的条件，是实现经济高质量发展的必然要求。国际发展经验显示，不同国家的三次产业结构变化都呈现类似的趋势，先是由农业部门转移到工业部门，在达到某个水平之后由工业部门转移到服务部门（Kuznets，1973；Herrendorf 和 Rogerson 等，2014；Neuss，2018）。自改革开放以来，中国的产业结构不断调整与升级，从典型的农业国家慢慢转变成了工业大国，并且在近几年逐渐发展成为以服务业为主要组成部门的国家。2012 年，中国服务业增加值首次超过第二产业，成为三大产业中增加值占比最大的部门。2018 年，中国服务业的就业份额为 46.3%，生产总值份额为 52.2%，成为中国经济的主要组成部门。

但有研究指出，服务业的扩张不一定意味着产业结构得到了优化，其背后存在两个问题。第一，工业化发展不完全的情况下就过早地发展了服务业，如一些拉丁美洲国家所经历的"过早去工业化"（Rodrik，2015）。第二，美国等发达经济体经历的在工业化完成之后伴随着结构服务化出现的服务业"成本病"，即当服务业生产率增长率低于工业时由服务业扩张带来的总体生产率增长率下降的问题。目前，中国的工业在高端化、智能化、信息化、绿色化等方面发展还不够，面对竞争日益严峻的国际市场，要求中国工业实现由大到强的新跨越。但可以确定的是中国不存在"过早去工业化"问题，那么作为服务业已成为经济主要组成部门的最大发展中国家，中国是否出现发达国家中普遍存在的服务业"成本病"问题呢？目前针对这一问题有不同的看法。

Qin（2006）认为，中国服务业就业份额的扩张主要是来源于农业部门劳动力的转出，所以对总体经济增长有正的贡献，不存在服务业"成本病"。程大中（2008）发现，中国很多省份存在服务业劳动生产率增长相对滞后、服务缺乏需求价格弹性等问题，认为中国及其绝大多数地区的服务业"成本病"问题已经显露。宋建和郑江淮（2017）也认为中国存在服务业"成本病"问题。同样，本书也认为中国已经出现服务业"成本病"。但是，目前没有测算服务业"成本病"大小的文章。本章通过对劳动生产率增长率做分解，测算结构变化对劳动生产率的影响，刻画结构转型的"鲍莫尔效应"以估算服务业"成本病"的大小。更进一步地，基于服务业内部细分行业的异质性，将服务业分为两类行业考虑服务业内部结构的变化特征及其对服务业"成本病"的影响。

与本章研究较为接近的有 Baumol 和 Blackman 等（1985）、Duernecker 和 Herrendrof 等（2017）的文章。Baumol 和 Blackman 等（1985）提出服务业内部既包括进步行业也包括停滞行业，认为对服务业细分行业的研究十分有必要。但是，他们的研究更多的是关于服务业细分行业的生产效率差异的讨论、经验分析和案例研究，没有上升为理论分析与模型构建。本章将建立多部门的模型讨论服务业及其内部的结构转型，并在此基础上对中国的服务业"成本病"进行量化分析与预测。

Duernecker 和 Herrendrof 等（2017）通过把服务业分为高技术服务部门和低技术服务部门对美国二战以来的历史数据进行分析，认为美国未来的服务业"成本病"效应会逐渐减小。本章的研究将参考 Duernecker 和 Herrendrof 等（2017）三部门模型进行展开，但与他们的研究有如下几个不同点。第一，本章分析的是中国的服务业"成本病"问题。通过模型的预测发现中国未来的服务业"成本病"会扩大，这与 Duernecker 和 Herrendrof 等（2017）预测美国未来服务业"成本病"会逐渐减小的结论相反，本章将解释相反结论背后的原因。第二，采用对总体劳动生产率增长率分解的方式刻画鲍莫尔效应以估算服务业"成本病"的大小。笔者认为该方法在做预测的分析时比 Duernecker 和 Herrendrof 等（2017）的结构效应的方法更加可靠①。第三，将服务业分为生产性服务业和生活性服务业两类，分析它们之间的替代弹性和各自的需求收入弹性。这一分类比 Duernecker 和 Herrendrof 等（2017）按照行业劳动生产率增长率的大小进行分类的方法更加具有现实指导意义。

本章通过建立一个三部门模型，分析产品部门与服务部门、服务部门内

---

① 关于鲍莫尔效应和结构效应之间的差异见本书第四章的讨论。

部的生产性服务业与生活性服务业之间的发展关系，有如下发现：第一，中国还处于服务经济时代的初期阶段。中国的产品与服务之间、生产性服务业与生活性服务业之间均为互补关系。第二，服务部门的支出份额一直在增加，服务业的扩张是中国产业结构发展的趋势。随着经济的发展与收入的提高，未来对服务业及其内部的生产性服务业的需求会逐渐增加。第三，中国未来的服务业"成本病"会加重，会持续拉低总体劳动生产率增长率。要减弱服务业扩张对经济增长带来的负向影响，根本在于提高服务业的生产效率，尤其是生产性服务业的生产效率。

本章第一部分为引言。第二部分是中国服务业发展特征与服务业"成本病"的测算，主要讨论生产性服务业和生活性服务业的变化特征。第三部分是模型的介绍，通过假设嵌套效用函数的形式构建了一个三部门的结构转型模型，刻画产品部门与服务部门、服务内部生产性服务业与生活性服务业之间的收入弹性与替代弹性的大小。第四部分为量化分析，包括参数的校准和模型的预测。

二、服务业发展特征与服务业"成本病"测算

服务业"成本病"理论从提出以来就备受关注。随着世界经济的发展，服务业"成本病"不仅出现在发达国家，也出现在了发展中国家。本章从中国服务业发展的特征出发，分析中国服务业"成本病"的发展情况。

（一）中国服务业发展的特征

自改革开放以来，中国的发展经历了三个不同的阶段：农业大国、工业大国及服务经济时代。在服务业成为经济主要部门的前提下，本书着重分析服务业发展对总体经济增长的影响。鉴于服务业内部各行业之间具有较强的异质性，将服务业分为生产性服务业和生活性服务业，分析中国服务业内部的结构转型。

生活性服务是指为家庭提供满足物质和精神生活需要的产品及服务；生产性服务则指为满足生产需要，能保持生产过程连续、助力生产技术进步和促进生产效率提高的产品及服务。为推动我国产业结构升级，促进生产性服务业的发展，国务院于 2014 年发布了《国务院关于加快发展生产性服务业促进产业结构调整升级的指导意见》。为了科学界定生产性服务业的范围，建立生产性服务业统计调查体系，国家统计局于 2015 年发布了《生产性服务业统计分类》，又于 2019 年更新了这一分类标准。按照国家统计局发布的《国民经济行业分类（2017）》和《生产性服务业统计分类（2019）》的标准将《中国统计年鉴》中包含的 19 个细分行业分为三个部门：产品部门、生产性服务业和生活性服务业。其中，产品部门包括：农林牧渔业，制造业，采矿业，建筑业，电力、燃气及水的生产和供应业共 5 个行业。服务业总共有 14 个行业，其中生产性服务业包括：批发和零售业，交通运输、仓储和邮政业，科学研究和技术服务业，信息传输、软件和信息技术服务业，租赁和商务服务业，水利、环境和公共设施管理业，金融业；生活性服务业包括：住宿和餐饮业，房地产业，居民服务、修理和其他服务业，卫生和社会工作，文化、体育和娱乐业，教育业，公共管理、社会保障和社会组织。本章对服务业的分类结果与李平和付一夫等（2017）的分类一致，具体分类及其与其他分类的对比见本章附录。

根据服务业"成本病"理论，当一个经济体存在服务业"成本病"时一般满足如下几个特点：①服务业的产出份额和就业份额上升；②服务业的生产率增长率较低；③服务业相对价格较高且不断上涨；④随着收入增加，消费者对服务业支出份额增加。本章结合《中国统计年鉴》的数据分析产品部门与服务部门在这几方面的分布特点，结果如图 7-1 所示。

图 7-1 的三个子图中分别展示了 2004～2017 年中国产品部门与服务部门的相对价格、名义增加值份额和就业份额的变动情况；劳动生产率增长率等情况将在本章的第四节进行讨论。

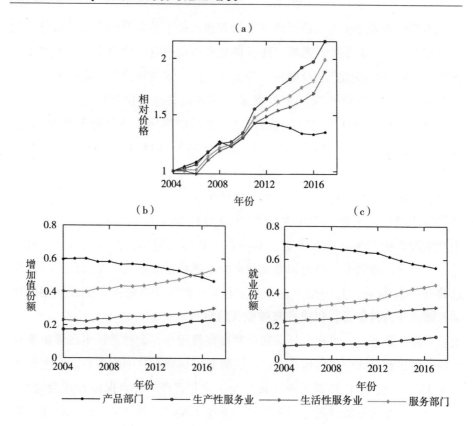

图7-1　2004～2017年中国各部门相对价格、增加值份额和就业份额

资料来源：历年《中国统计年鉴》。

    图7-1（a）的相对价格由各部门的价格指数计算得到，假设各部门在2004年的相对价格均为1。2008年之后产品部门的相对价格水平低于服务部门的价格水平，甚至在2011年出现下降；而服务部门的相对价格一直保持增长的趋势，其中生产性服务业的相对价格增长得最快。由图7-1（b）可知，观测期内产品部门的增加值份额一直在下降，服务部门的增加值份额则在逐渐上升。2015年，服务部门的增加值份额赶超产品部门，占中国经济产出的半壁江山。从服务业内部来看，生产性服务业和生活性服务业的增加值份额以相近的速度在增长，其中后者的增加值份额更高。由图7-1（c）可知，观测期内，就业份额与增加值份额的分布相似，但是产品部门就业份额的水平更高，一直位于服务部门就业份额之上，而生产性服务业的就业份额较低。

综合分析图7-1和后文中的图7-3可发现，中国服务业的增加值份额和就业份额均呈上升趋势发展，服务业的相对价格较高；服务业的生产率增长率低于产品部门的劳动生产率增长率。结合"成本病"的理论不难发现，中国已出现服务业"成本病"的"症状"。

（二）三部门下中国服务业"成本病"的测算

参考本书第四章的研究方法对中国的劳动生产率增长率进行分解，与第四章不同的是，这里分析的是中国产品部门、生产性服务业与生活性服务业这三个部门的结构转型。借鉴Nordhaus（2002）的方法，劳动生产率增长率可以分解为三项：纯生产率效应、鲍莫尔效应和丹尼森效应。纯生产率效应刻画的是在各行业的增加值份额保持在基期不变的情况下劳动生产率的增长；鲍莫尔效应刻画各行业名义增加值份额与基期相比的变化和各行业劳动生产率增长的交互影响；丹尼森效应刻画名义增加值份额与就业份额的变化差异。丹尼森在1967年提出，哪怕所有行业的生产率增长率均为0，只要生产要素是从低生产率部门转移到高生产率部门就会有总体生产率的增长。

利用《中国统计年鉴》中各行业的名义增加值、实际增加值和就业人数等数据分解中国劳动生产率增长率，结果如图7-2所示。

观察图7-2可以发现：第一，从2007年开始，中国总体劳动生产率增长率呈下降趋势，如果未来这个趋势继续，对总体经济增长而言是一个不利信号。第二，总体劳动生产率的上升来源于纯生产率效应，结构变化带来的影响较小。但值得说明的是，这里的纯生产率效应测算的是生产率增长的绝对值，而鲍莫尔效应和丹尼森效应衡量的是结构变化的相对值，因此前者比后两者要大许多。第三，鲍莫尔效应与丹尼森效应的值都很小，并且鲍莫尔效应为负值，丹尼森效应为正值。具体来看，鲍莫尔效应为-0.56%，说明增加值结构变化使得总体劳动生产率增长率下降了0.56%。

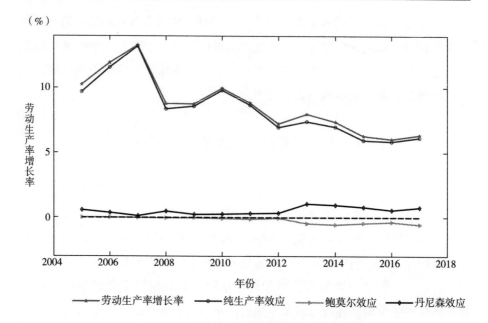

图7-2 劳动生产率增长率的分解与鲍莫尔效应

注：表中结果由笔者基于《中国统计年鉴》数据计算得到，用鲍莫尔效应估算服务业"成本病"的大小。

值得指出的是，这里测算的鲍莫尔效应的大小与经济中服务业成本病的大小有相关关系，但是两者并不相同。服务业"成本病"给经济带来的影响更多的是通过低生产率增长率的服务部门的扩张拉低总体经济生产率增长率的途径进行，所以鲍莫尔效应存在对服务业"成本病"的低估。

现有服务业"成本病"的研究大部分是针对美国等发达国家。美国工业增加值份额的峰值出现在1955年左右；而从目前的观察来看，中国工业增加值份额的峰值可能出现在2012年。以中国现在的发展趋势和其他国家的结构转型经验来看，中国服务业的发展空间还很大。未来中国服务业的发展及服务业"成本病"效应又会如何变化呢？基于此，建立三部门模型以更深入地刻画中国服务业的发展特征，并预测未来的鲍莫尔效应。

三、三部门模型的构建

本部分借鉴 Duernecker 和 Herrendrof 等（2017）的研究建立一个包含结构转型的三部门一般均衡模型，重点分析服务部门与产品部门以及服务部门内部的生产性服务业和生活性服务业之间的结构转型。

（一）模型假设

1. 生产者技术

假设有三个部门：产品部门、生产性服务业和生活性服务业，用 i 表示，$i = \{g, h, l\}$。g 表示产品部门，h 表示生产性服务业（Producer Services），l 表示生活性服务业（Consumer Services）[1]。各部门生产中只考虑劳动力的投入，不考虑资本。三个部门的生产技术满足下面的等式：

$$Y_{it} = A_{it} L_{it} \tag{7.1}$$

式中，t 代表不同时期，i 代表不同部门，Y_{it} 为 i 部门在 t 期的产出，A_{it} 表示生产率，L_{it} 表示劳动力投入，劳动力的工资水平为 w_t。参考 Restuccia 和 Rogerson（2008）的方法引入税收参数 τ_{it} 分析不同部门的劳动边际产出差异，也可以刻画劳动力跨部门转移时存在的摩擦。

2. 家庭的效用

为了研究三部门之间结构转型的收入效应和价格效应，参考 Duernecker 和 Herrendrof 等（2017）的研究假设一个嵌套的非位似 CES 效用函数：

$$C_t = \left(\alpha_g^{\frac{1}{\sigma_c}} C_t^{\frac{\varepsilon_g-1}{\sigma_c}} C_{gt}^{\frac{\sigma_c-1}{\sigma_c}} + \alpha_s^{\frac{1}{\sigma_c}} C_t^{\frac{\varepsilon_s-1}{\sigma_c}} C_{st}^{\frac{\sigma_c-1}{\sigma_c}} \right)^{\frac{\sigma_c}{\sigma_c-1}} \tag{7.2}$$

$$C_{st} = \left(\alpha_h^{\frac{1}{\sigma_s}} C_t^{\frac{\varepsilon_h-1}{\sigma_s}} C_{ht}^{\frac{\sigma_s-1}{\sigma_s}} + \alpha_l^{\frac{1}{\sigma_s}} C_t^{\frac{\varepsilon_l-1}{\sigma_s}} C_{lt}^{\frac{\sigma_s-1}{\sigma_s}} \right)^{\frac{\sigma_s}{\sigma_s-1}} \tag{7.3}$$

---

[1] 本章的分析（见图 7-3）发现生产性服务业具有更高的劳动生产率，用 h 表示，生活性服务业用 l 表示。

式中，s 代表服务部门，C_{st}、C_t 分别代表服务业的效用和总效用。C_{gt}、C_{ht}、C_{lt} 分别代表产品、生产性服务业和生活性服务业的消费数量，不考虑闲暇。其中，α 为偏好参数，ε 为刻画收入效应的参数；σ_s 代表服务业内部的生产性服务业和生活性服务业消费间的替代弹性参数，σ_c 代表产品和服务消费间的替代弹性参数。为保证效用函数满足随着需求数量的增长而递增，假设各参数满足以下条件：

假设 1：$\sigma_c < \min\{\varepsilon_g, \varepsilon_s\}$ 或 $\max\{\varepsilon_g, \varepsilon_s\} < \sigma_c$，$\sigma_s < \min\{\varepsilon_h, \varepsilon_l\}$ 或 $\max\{\varepsilon_h, \varepsilon_l\} < \sigma_s$。

3. 资源约束

假设不同产品的消费数量 C_{it} 小于等于该部门的生产数量 Y_{it}；生产性服务业和生活性服务业的劳动力数量之和为服务部门的劳动力数量；产品部门的劳动力数量与服务部门的加总为总体的劳动数量。家庭的总支出等于劳动力工资的总收入。当模型实现均衡时，满足以上的资源约束条件，即下面的三个等式：

$$C_{it} \leqslant Y_{it} \tag{7.4}$$

$$L_t = L_{gt} + L_{ht} + L_{lt} \tag{7.5}$$

$$L_t w_t = C_{gt} P_{gt} + P_{ht} C_{ht} + P_{lt} C_{lt} \tag{7.6}$$

（二）均衡求解

结合生产者利润最大化一阶条件、家庭支出最小化一阶条件和资源约束条件可以求解得到模型的一般性均衡。

1. 生产者利润最大化

假设部门 i 的产品价格为 P_{it}，假设三部门劳动力的工资水平相同，为 w_t；部门 i 雇佣每单位劳动力的税收成本是 τ_{it}。代表性生产者在给定 P_{it}、w_t、τ_{it} 的情况下选择劳动力的投入数量 L_{it} 以实现利润最大化，通过下式求解。

$$\max_{L_{it}}\{P_{it} A_{it} L_{it} - (1+\tau_{it}) w_t L_{it}\}$$

对 L_{it} 求导，可以求解得到一阶条件：

$$P_{it} A_{it} = (1+\tau_{it}) w_t \tag{7.7}$$

结合式（7.1）和式（7.7）可整理得：

$$\frac{P_{jt}C_{jt}/L_{jt}}{P_{gt}C_{gt}/L_{gt}}=\frac{1+\tau_{jt}}{1+\tau_{gt}} \quad j=\{h,\ l\} \tag{7.8}$$

2. 家庭支出最小化

家庭的收入用于产品和服务的消费，一定的服务消费支出下，家庭又在服务内部选择生产性服务和生活性服务的消费支出。在给定效用水平的情况下可以通过支出最小化求解代表性家庭的最优消费配置，考虑到效用函数是一个嵌套的形式，分开求解两层支出最小化问题。就不同类型服务之间的支出最小化来说，有：

$$\min_{C_{ht},C_{lt}} P_{ht}C_{ht}+P_{lt}C_{lt}$$

$$\text{s.t.} \quad \left(\alpha_h^{\frac{1}{\sigma_s}}C_t^{\frac{\varepsilon_h-1}{\sigma_s}}C_{ht}^{\frac{\sigma_s-1}{\sigma_s}}+\alpha_l^{\frac{1}{\sigma_s}}C_t^{\frac{\varepsilon_l-1}{\sigma_s}}C_{lt}^{\frac{\sigma_s-1}{\sigma_s}}\right)^{\frac{\sigma_s}{\sigma_s-1}}-C_{st}=0$$

因此，最小化问题可以写为下面的拉格朗日的形式：

$$\mathcal{L}=P_{ht}C_{ht}+P_{lt}C_{lt}-\mu_t\left[\left(\alpha_h^{\frac{1}{\sigma_s}}C_t^{\frac{\varepsilon_h-1}{\sigma_s}}C_{ht}^{\frac{\sigma_s-1}{\sigma_s}}+\alpha_l^{\frac{1}{\sigma_s}}C_t^{\frac{\varepsilon_l-1}{\sigma_s}}C_{lt}^{\frac{\sigma_s-1}{\sigma_s}}\right)^{\frac{\sigma_s}{\sigma_s-1}}-C_{st}\right]$$

可求解得到一阶条件：

$$P_{jt}=\mu_t\alpha_j^{\frac{1}{\sigma_s}}C_t^{\frac{\varepsilon_j-1}{\sigma_s}}C_{jt}^{\frac{-1}{\sigma_s}}C_{st}^{\frac{1}{\sigma_s}} \quad j=\{h,\ l\} \tag{7.9}$$

式（7.9）两边同时乘以 C_{jt}，两部门的式子求和，可得：

$$P_{ht}C_{ht}+P_{lt}C_{lt}=\mu_t\alpha_h^{\frac{1}{\sigma_s}}C_t^{\frac{\varepsilon_h-1}{\sigma_s}}C_{ht}^{\frac{-1}{\sigma_s}}C_{st}^{\frac{1}{\sigma_s}}+\mu_t\alpha_l^{\frac{1}{\sigma_s}}C_t^{\frac{\varepsilon_l-1}{\sigma_s}}C_{lt}^{\frac{-1}{\sigma_s}}C_{st}^{\frac{1}{\sigma_s}}=\mu_tC_{st}$$

令 P_{st} 为服务效用的平均价格指数，满足 $P_{ht}C_{ht}+P_{lt}C_{lt}=P_{st}C_{st}$。由上式可知 $\mu_t=P_{st}$。

式（7.9）两边同时乘以 C_{jt}，两部门的式子相除，可得：

$$\frac{C_{lt}P_{lt}}{C_{ht}P_{ht}}=\frac{\alpha_l}{\alpha_h}\left(\frac{P_{lt}}{P_{ht}}\right)^{1-\sigma_s}C_t^{\varepsilon_l-\varepsilon_h} \tag{7.10}$$

即不同服务支出份额之比取决于偏好参数、相对价格、替代弹性和相对收入弹性。此外，由一阶条件可整理得到服务的价格指数 P_{st} 为：

$$P_{st}=\left(\alpha_hP_{ht}^{1-\sigma_s}C_t^{\varepsilon_h-1}+\alpha_lP_{lt}^{1-\sigma_s}C_t^{\varepsilon_l-1}\right)^{\frac{1}{1-\sigma_s}} \tag{7.11}$$

家庭就产品和服务消费分配的支出最小化问题为：

$$\mathcal{L}=P_{st}C_{st}+P_{gt}C_{gt}-\lambda_t\left[\left(\alpha_g^{\frac{1}{\sigma_c}}C_t^{\frac{\varepsilon_g-1}{\sigma_c}}C_{gt}^{\frac{\sigma_c-1}{\sigma_c}}+\alpha_s^{\frac{1}{\sigma_c}}C_t^{\frac{\varepsilon_s-1}{\sigma_c}}C_{st}^{\frac{\sigma_c-1}{\sigma_c}}\right)^{\frac{\sigma_c}{\sigma_c-1}}-C_t\right]$$

同理，由一阶条件整理得到：

$$\frac{C_{st}P_{st}}{C_{gt}P_{gt}} = \frac{\alpha_s}{\alpha_g}\left(\frac{P_{st}}{P_{gt}}\right)^{1-\sigma_c} C_t^{\varepsilon_s-\varepsilon_g} \tag{7.12}$$

$$P_t = \left(\alpha_s P_{st}^{1-\sigma_c} C_t^{\varepsilon_s-1} + \alpha_g P_{gt}^{1-\sigma_c} C_t^{\varepsilon_g-1}\right)^{\frac{1}{1-\sigma_c}} \tag{7.13}$$

下面结合模型的需求侧和供给侧进行分析。结合式（7.1）、式（7.7）可知：

$$L_{it} = \frac{Y_{it}}{A_{it}} = \frac{C_{it}P_{it}}{A_{it}P_{it}} = \frac{Y_{it}P_{it}}{(1+\tau_{it})w_t}$$

由此可得：

$$\frac{L_{it}}{L_t} = \frac{C_{it}P_{it}}{(1+\tau_{it})w_t L_t} \tag{7.14}$$

式（7.14）将生产侧和需求侧结合起来，使模型满足一致性。由式（7.14）可知，部门 i 的就业份额等于家庭对该部门产品的支出份额除以 $(1+\tau_{it})$。在此基础上，总体劳动生产率满足：

$$\frac{Y_t}{L_t} = \sum_i \frac{Y_{it}}{L_{it}} \frac{L_{it}}{L_t} \tag{7.15}$$

以上分析得到的一阶条件和资源约束构成了量化分析的基础。

3. 均衡讨论

此部分对均衡下的增长率进行讨论。同样，假设对于任意变量 X，其增长率为 $\Delta\log(X_t)$。根据式（7.10）可以推导得到：

$$\Delta\log\frac{C_{lt}P_{lt}}{C_{ht}P_{ht}} = \Delta\log\left(\frac{P_{lt}}{P_{ht}}\right)^{1-\sigma_s} + \Delta\log C_t^{\varepsilon_l-\varepsilon_h} \tag{7.16}$$

这个等式解释了模型设定下生活性服务业和生产性服务业相对支出份额的影响因素。等式右边的第一项是价格效应，第二项是收入效应。式中的 $1-\sigma_s$ 和 $\varepsilon_l-\varepsilon_h$ 对结构变化的影响发挥了重要作用。如果替代弹性 $\sigma_s>1$，则生产性服务业和生活性服务业之间是替代关系，随着生产性服务业相对价格的上升，其相对支出份额会下降。反之，如果替代弹性 $\sigma_s<1$，则生产性服务业和生活性服务业之间是互补关系，随着生产性服务业相对价格的上升，其相对支出份额也会上升。 ε_l、ε_h 指两个行业的收入弹性，以两者之差的形式出现，所以对结构变化产生影响的是它们的相对大小；可以标准化其中

一个参数，校准得到另一个参数的相对大小。两者相比较，收入弹性较小的为生活必需品，收入弹性较大的为奢侈品。

同理，可以根据式（7.12）推导得到两部门相对支出份额的增长率：

$$\Delta\log\frac{C_{st}P_{st}}{C_{gt}P_{gt}}=\Delta\log\left(\frac{P_{st}}{P_{gt}}\right)^{1-\sigma_c}+\Delta\log C_t^{\varepsilon_s-\varepsilon_g} \tag{7.17}$$

两个等式中的 σ_c、σ_s、$\varepsilon_l-\varepsilon_h$ 和 $\varepsilon_s-\varepsilon_g$ 的大小要满足假设 1 中的两个条件，是影响结构转型的重要因素，也是本章重点关注的对象。

四、量化分析

这部分主要分析模型的参数校准与预测。首先，结合已有数据和模型的均衡条件，校准得到模型的相关参数，并对关键参数进行分析。其次，结合已校准参数和模型的均衡条件对中国未来的服务业"成本病"和经济增长进行预测。

（一）参数校准

本章主要基于历年《中国统计年鉴》公布的 19 个细分行业的数据进行分析，研究 2004~2017 年中国的服务业内部结构转型与服务业"成本病"。按照《生产性服务业分类标准（2019）》将 14 个服务业分为生产性和生活性服务业两类。将 19 个细分行业的增加值和就业数据加总为三个部门：产品部门、生产性服务业和生活性服务业。增加值份额基于三部门的名义增加值计算得到，劳动生产率则为实际增加值除以就业人数，其中实际增加值由以 2004 年价格为基期的增加值指数计算得到。

除了已知的三部门各自的消费数量、产品价格和就业人数外，需要通过均衡条件和资源约束求解生产侧的劳动生产率、税收及需求侧效用函数中的参数大小。通过三个部门的生产函数可计算得到部门的劳动生产率。假设产品部门的税收等于 0，根据式（7.8）可以得到其他两个部门的相对税收。

～代表是真实数据值。生产性服务业与生活性服务业的税收等于：

$$1+\tau_{jt}=\frac{\widetilde{VA_j}/\widetilde{L_j}}{\widetilde{VA_g}/\widetilde{L_g}} \tag{7.18}$$

劳动生产率和税收的校准结果如图7-3所示。

由图7-3（a）可知，当假设产品部门的税收为0时，生活性服务业的税收水平一直较低，且变动比较小；生产性服务业的相对税收水平最高，呈波动中下降的趋势。由相对税收的分布可以发现，相对于产品部门，劳动力进入服务部门的阻碍较高。而服务业内部，生产性服务业的进入门槛比生活性服务业的更高，好在生产性服务业的"税收"开始出现下降趋势。

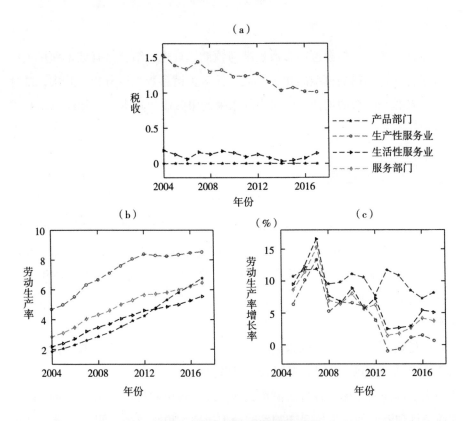

图 7-3　生产侧的参数校准结果

注：以2004年价格为基期计算得到实际增加值，用实际增加值除以就业人数得到部门劳动生产率。

图 7-3（b）和（c）显示，生产性服务业的劳动生产率水平较高，产品部门的劳动生产率水平较低。但是，产品部门的劳动生产率增长率一直较高。特别是在 2012 年之后，产品部门的劳动生产率增长率呈明显加速增长的趋势，而生产性服务业则呈现下降的趋势。生产性服务业劳动生产率的增长率一直位于三部门中的最低水平，甚至在 2013 年和 2014 年出现了负增长。

需求侧有十个参数需要通过校准得到，分别是：四个相对偏好参数、两个弹性参数和四个收入效应参数。假设四个相对偏好参数满足：$\alpha_g + \alpha_s = 1$、$\alpha_h + \alpha_l = 1$。在式（7.10）和式（7.12）中，四个收入效应参数之间不是独立的，均衡结果取决于它们的相对大小：$\varepsilon_g - \varepsilon_s$、$\varepsilon_h - \varepsilon_l$。在满足假设 1 的前提下令 $\varepsilon_g = 1$、$\varepsilon_h = 1$，由此只需校准 ε_s、ε_l。于是需要校准得到六个参数的值。通过最小化部门间相对支出真实值和模型值的差来确定效用参数的值，由式（7.10）和式（7.12）可以得到 $\dfrac{C_{lt}P_{lt}}{C_{ht}P_{ht}}$ 和 $\dfrac{C_{st}P_{st}}{C_{gt}P_{gt}}$ 的模型表达式[①]。

$$\min\left\{\frac{C_{lt}P_{lt}}{C_{ht}P_{ht}} - \widetilde{\frac{C_{lt}P_{lt}}{C_{ht}P_{ht}}}\right\}^2 \text{ 和 } \min\left\{\frac{C_{st}P_{st}}{C_{gt}P_{gt}} - \widetilde{\frac{C_{st}P_{st}}{C_{gt}P_{gt}}}\right\}^2$$

采用非线性最小二乘法估计得到效用函数的六个参数值，结果如表 7-1 所示。

表 7-1　需求侧的参数校准结果

参数	α_g	α_h	σ_c	σ_s	$\varepsilon_s - \varepsilon_g$	$\varepsilon_h - \varepsilon_l$
校准结果	0.68	0.25	0.13	0.17	0.13	0.07

注：表中的数据由笔者根据数据和模型均衡条件计算得到。

表 7-1 中，α_i 为家庭的偏好参数，σ_i 为效用函数的替代弹性参数，ε_i 为收入弹性参数。由于 σ_c 与 σ_s 均小于 1，所以产品部门与服务部门的产品之间是互补关系，生产性服务业与生活性服务业的产品之间也是互补关系。由于 $\varepsilon_s - \varepsilon_g > 0$，因此产品部门的产品是必需品，服务部门的产品是奢侈品。

[①]　参考 Liao 和 Wang（2018）的方法，使用总消费数量作为总效用的代理变量。

由于 $\varepsilon_h - \varepsilon_l > 0$，所以生活性服务业是必需品，生产性服务业产品是奢侈品。

在未来，产品部门和服务部门以及服务业内部的生产性服务业与生活性服务业的需求都会增加，但是增加的程度会不同，呈现出两个阶段的特征。第一阶段，随着收入增加到一定的水平后，对服务需求的增加会超过对产品需求的增量；第二阶段，在收入到达另一个更高的阶段之后，对服务业内部生产性服务需求的增加会超过对生活性服务需求的增量。目前，中国刚步入以服务业为主要部门的阶段，生产性服务业还只占服务业总体的较小部分，服务业增加值份额还有上升空间。

图7-4是增加值份额的模型拟合情况，对应式（7.10）和式（7.12）。可以发现，模型对2004~2017年中国三部门增加值份额的变化拟合得很好，说明模型可以较好地解释中国的现实数据。

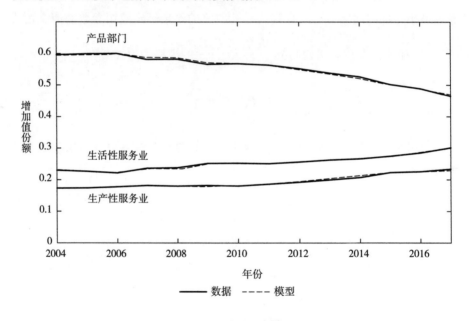

图7-4　模型拟合情况

注：假设所有产出均用于消费，不考虑投资，因此支出份额与增加值份额相同。

（二）中国未来服务业"成本病"的预测

假设经济按照现有的均衡增长方向继续发展，未来中国服务业的发展会有新的特点吗？未来的服务业"成本病"又会如何变化？基于此，根据模型均衡条件和已校准得到的参数预测相关变量在 2018～2035 年的取值。由于2004～2017 年的数据也呈现出了一定的阶段性，取 2008～2017 年的值为一阶段，求解这一阶段内 A_{gt}、A_{ht}、A_{lt}、L_t、w_t 和 P_{gt} 的平均增长率，按照增长率不变的原则求它们未来的值。假设未来的 τ_{it} 等于 2008～2017 年的平均值；假设国内生产总值的增长率的变化率等于过去年份变化率的平均值。进一步地，结合模型的均衡等式和相关变量，对未来的增加值份额进行预测。

结合已预测变量，由等式（7.7）得到未来 P_{ht}、P_{lt} 的值。与校准参数时的思路一致，将已校准参数和已预测的变量值代入式（7.10）和式（7.12）得到 2018～2035 年 $\dfrac{C_{lt}P_{lt}}{C_{ht}P_{ht}}$ 和 $\dfrac{C_{st}P_{st}}{C_{gt}P_{gt}}$ 的预测值，进而推算得到未来的增加值份额。预测的结果如图 7-5 所示。

图 7-5（a）中模型的预测结果显示，中国未来的经济增长速度会缓慢下降，预测到 2035 年经济增长速度将为 3%。图 7-5（b）显示，在 2018～2035 年，中国的服务业增加值份额会继续增加，将占总增加值的很大一部分，其中生产性服务业的增加值份额增长速度最快。

根据预测，结合未来的名义增加值、实际增加值和就业人数，可以对未来的劳动生产率增长率进行分解。由于假设未来的 τ_{it} 为 2008～2017 年的平均值，所以预测得到未来的丹尼森效应保持不变；由于假设未来的 A_{gt}、A_{ht}、A_{lt} 和 L_t 取 2008～2017 年的平均增长率，所以未来的纯生产率效应也保持不变。在这一假设下，未来总体劳动生产率增长率的变化来自鲍莫尔效应的变化带。由于假设劳动生产率均按 2008～2017 年的平均增长率继续变化，所以未来服务部门及其内部两个细分行业的劳动生产率增长率依旧低于产品部门的劳动生产率增长率，产品部门增加值份额的下降会造成服务业"成本病"的扩大。

图 7-5（c）显示，未来的鲍莫尔效应由 2017 年的 -0.56% 下降至 2034年的 -1.62%，在短短的 17 年间下降了 189.3%，鲍莫尔效应的变化也引起总体劳动生产率增长率的下降。到 2034 年，不考虑生产率增长率的下降，仅由结构变化就引起总体劳动生产率增长率下降 1.62%，这将对总体经济增长形成很大的阻碍。由以上的预测可知，虽然目前的鲍莫尔效应很小，但是

若按照现在的趋势继续发展，在未来鲍莫尔效应带来的负向影响将逐渐扩大。加之鲍莫尔效应对服务业"成本病"存在低估，所以未来服务业"成本病"给经济增长带来的负面影响将更大。

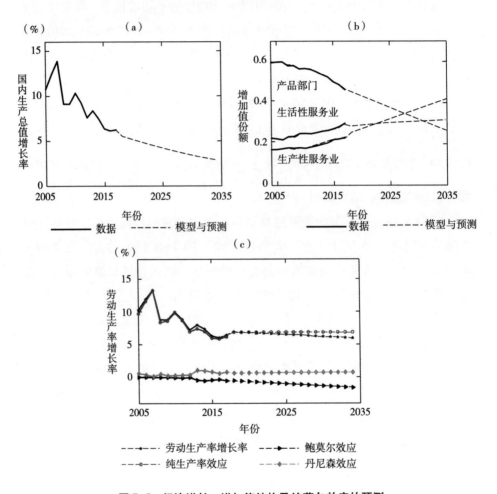

图7-5　经济增长、增加值结构及鲍莫尔效应的预测

（三）进一步讨论

为了确保预测结果可信，下面从改变相关数据预测方法和服务业内部分

类方法的角度进行分析，并与上文的预测结果进行对比和讨论。

1. 对预测参考期的讨论

在上文中，相关变量的未来值按照2008~2017年的平均值或平均增长率变化预测得到。考虑到不同时间段的发展特征不同，讨论不同预测参考期下未来服务业扩张和鲍莫尔效应的取值；将三段预测参考期下的结果进行对比分析，结果如表7-2所示。

表7-2　不同参考期下2018~2035年服务业的预测值

预测参考期	生产性服务业增加值份额	生活性服务业增加值份额	国内生产总值增长率（%）	鲍莫尔效应（%）
2004~2017	0.33	0.29	4.54	-0.68
2008~2017	0.33	0.31	4.26	-1.05
2014~2017	0.36	0.30	3.38	-1.58

注：预测结果由笔者根据相关变量的预测数据、参数值和模型的均衡条件计算得到，表中数据为2018~2035年预测值的平均值。下同。

表7-2显示，三个参考期内服务业发展的特征相似，因此未来生产性服务业和生活性服务业增加值份额预测的结果比较接近。但是，三个参考期预测下的鲍莫尔效应的值相差较大，分别为：-0.68%、-1.05%和-1.58%。鲍莫尔效应主要受部门间生产率差距和部门结构组成的影响；未来服务业增加值份额越高，鲍莫尔效应也越大。总体而言，参考期的不同使对未来的预测结果存在差异，但是不影响本书得到的结论。在本章的分析框架下，未来中国服务业会继续扩张，并且服务业"成本病"不会消失，甚至会继续扩大。

2. 对服务业分类方法的讨论

Duernecker和Herrendrof等（2017）的研究按照各部门劳动生产率增长率将服务部门分为高技术服务业和低技术服务业，而本书按照《生产性服务业统计分类（2019）》的标准将服务部门分为生产性服务业和生活性服务业。为避免服务业分类方法对结论产生影响，采用相同的方法对比分析这两种行业分类框架下所得结果的异同，如表7-3所示①。

表7-3　不同行业分类下2018~2035年服务业的预测值

行业分类	生产性服务业增加值份额	生活性服务业增加值份额	国内生产总值增长率（％）	鲍莫尔效应（％）
生产性或生活性	0.33	0.31	4.26	−1.05
高技术或低技术	0.35	0.30	4.26	−1.51

图7-3显示，不同行业分类方法下的预测结果比较接近，采用生产率增长率高低分类方法预测得到的鲍莫尔效应甚至更大（绝对值更大），但是不同的分类方法并不影响本书的基本结论。

另外，Duernecker和Herrendrof等（2017）的研究发现，美国未来的服务业"成本病"效应会逐渐减小，这与本书的结论相反。如果中国同美国的发展历程相似，或许在将来，中国服务业"成本病"也逐渐经历由扩大再缩小的过程。为了维持经济的稳健增长，有必要在服务业"成本病"效应进一步扩大前就对其采取相应对策。

本章小结

产业服务化的背景下，发展服务业是促进经济增长的重要任务。本书分析发现中国已经出现了服务业"成本病"，虽然服务业"成本病"也许无法避免，但并不是不可控制。本章通过建立一个三部门模型，分析产品部门与服务部门、服务内部的生产性服务业与生活性服务业之间的发展特

---

① 参考Duernecker和Herrendrof等（2017）的方法将中国19个行业分为产品部门、高技术服务业和低技术服务业，用这三个行业的结构组成对整体劳动生产率增长率进行分解，得到的鲍莫尔效应与图7-2的相似。具体的行业分类结果见本章附录。

点，得到以下结论：

第一，中国还处于服务经济时代的初期阶段。中国的产品与服务之间是互补关系，产品是生活必需品，服务是奢侈品；生产性服务与生活性服务也是互补关系，生活性服务是生活必需品，生产性服务是奢侈品。

第二，服务部门的支出份额一直在增加，服务业的扩张是中国产业结构变化的趋势。在假设部门劳动生产率按过去时间段的平均值继续变化，并且考虑家庭的收入效应对结构变化影响的情形下，随着经济的发展与收入的提高，未来服务业及其内部的生产性服务业的消费支出份额会继续增加。

第三，通过由模型预测得到的未来的劳动生产率增长率的分解发现，未来的鲍莫尔效应均为负数，并且鲍莫尔效应对总体劳动生产率增长率增长的负作用会逐渐增加，从2017年的 -0.56% 发展到2034年的 -1.62% 。这意味着服务业的扩张将持续拉低总体劳动生产率增长率，中国未来的服务业"成本病"会加重。

服务业"成本病"无疑是阻碍经济持续增长不可忽视的因素。要减弱服务业扩张对经济增长带来的负向影响，应着力提高服务业的生产效率，特别是其中的生产性服务业的生产效率。

本章附录

（一）服务业内部细分行业的分类

《中国统计年鉴》中公布了19个细分行业的数据，其中有5个行业属于产品部门，有14个行业属于服务部门。基于14个服务部门的劳动生产率增长率的高低排序来将服务业分为两类，其中高于平均值的为高技术服务业，低于平均值的为低技术服务业。本书第七章的研究主要参考《生产性服务业统计分类（2019）》将服务业分为生产性服务业和生活性服务业。

附表 A7-1　中国服务业的劳动生产率增长率排序与服务业分类

服务业细分行业	均值	排序	高技术服务（1） 低技术服务（2）	生产性服务（1） 生活性服务（2）
批发和零售业	8.95	1	1	1
金融业	8.61	2	1	1
教育	8.18	3	1	2
文化、体育和娱乐业	7.99	4	1	2
公共管理和社会组织	6.88	5	1	2
居民服务和其他服务业	6.74	6	1	2
水利、环境和公共设施管理业	5.72	7	1	1
交通运输、仓储和邮政业	5.17	8	2	1
卫生、社会保障和社会福利业	4.88	9	2	2
科学研究、技术服务和地质勘查业	4.13	10	2	2
住宿和餐饮业	3.66	11	2	2
租赁和商务服务业	1.61	12	2	1
信息传输、计算机服务和软件业	0.29	13	2	1
房地产业	-1.68	14	2	2
均值	5.08			

（二）模型均衡求解

代表性家庭支出最小化问题可以写为下面的拉格朗日等式的形式：

$$\mathcal{L}=P_{ht}C_{ht}+P_{lt}C_{lt}-\mu_t\left[\left(\alpha_h^{\frac{1}{\sigma_s}}C_t^{\frac{\varepsilon_h-1}{\sigma_s}}C_{ht}^{\frac{\sigma_s-1}{\sigma_s}}+\alpha_l^{\frac{1}{\sigma_s}}C_t^{\frac{\varepsilon_l-1}{\sigma_s}}C_{lt}^{\frac{\sigma_s-1}{\sigma_s}}\right)^{\frac{\sigma_s}{\sigma_s-1}}-C_{st}\right]$$

有一阶条件[①]：

$$P_{it}=\mu_t\alpha_i^{\frac{1}{\sigma_s}}C_t^{\frac{\varepsilon_l-1}{\sigma_s}}C_{it}^{\frac{-1}{\sigma_s}}C_{st}^{\frac{1}{\sigma_s}}$$

[①]　其中，从式（7.3）可以推出：$\left(\alpha_h^{\frac{1}{\sigma_s}}C_t^{\frac{\varepsilon_h-1}{\sigma_s}}C_{ht}^{\frac{\sigma_s-1}{\sigma_s}}+\alpha_l^{\frac{1}{\sigma_s}}C_t^{\frac{\varepsilon_l-1}{\sigma_s}}C_{lt}^{\frac{\sigma_s-1}{\sigma_s}}\right)^{\frac{\sigma_s}{\sigma_s-1}-1}=C_{st}^{\frac{1}{\sigma_s}}$，将这个等式代

入一阶条件可得到式（A7.1）。

上式两边同时乘以 C_{it}，两部门的式子求和，可得：

$$P_{ht}C_{ht}+P_{lt}C_{lt}=\mu_t\alpha_h^{\frac{1}{\sigma_s}}C_t^{\frac{\varepsilon_h-1}{\sigma_s}}C_{ht}^{\frac{-1}{\sigma_s}}C_{st}^{\frac{1}{\sigma_s}}+\mu_t\alpha_l^{\frac{1}{\sigma_s}}C_t^{\frac{\varepsilon_l-1}{\sigma_s}}C_{lt}^{\frac{-1}{\sigma_s}}C_{st}^{\frac{1}{\sigma_s}}=\mu_t C_{st}$$

又因为 $P_{ht}C_{ht}+P_{lt}C_{lt}=P_{st}C_{st}$，所以 $\mu_t=P_{st}$。

所以一阶条件可写为：

$$P_{it}=P_{st}\alpha_i^{\frac{1}{\sigma_s}}C_t^{\frac{\varepsilon_i-1}{\sigma_s}}C_{it}^{\frac{-1}{\sigma_s}}C_{st}^{\frac{1}{\sigma_s}} \qquad i=h,l \tag{A7.1}$$

由式（A7.1）可知：$P_{it}^{1-\sigma_s}=\left(P_{st}\alpha_i^{\frac{1}{\sigma_s}}C_t^{\frac{\varepsilon_i-1}{\sigma_s}}C_{it}^{\frac{-1}{\sigma_s}}C_{st}^{\frac{1}{\sigma_s}}\right)^{1-\sigma_s}$，整理可得：

$$\alpha_i C_t^{\varepsilon_i-1}P_{it}^{1-\sigma_s}=P_{st}^{1-\sigma_s}\alpha_i^{\frac{1}{\sigma_s}}C_t^{\frac{\varepsilon_i-1}{\sigma_s}}C_{it}^{\frac{\sigma_s-1}{\sigma_s}}C_{st}^{\frac{1-\sigma_s}{\sigma_s}}$$

两部门相加，得到：

$$\alpha_h C_t^{\varepsilon_h-1}P_{ht}^{1-\sigma_s}+\alpha_l C_t^{\varepsilon_l-1}P_{lt}^{1-\sigma_s}=P_{st}^{1-\sigma_s}C_{st}^{\frac{1-\sigma_s}{\sigma_s}}\left(\alpha_h^{\frac{1}{\sigma_s}}C_t^{\frac{\varepsilon_h-1}{\sigma_s}}C_{ht}^{\frac{\sigma_s-1}{\sigma_s}}+\alpha_l^{\frac{1}{\sigma_s}}C_t^{\frac{\varepsilon_l-1}{\sigma_s}}C_{lt}^{\frac{\sigma_s-1}{\sigma_s}}\right)$$

$$=P_{st}^{1-\sigma_s}C_{st}^{\frac{1-\sigma_s}{\sigma_s}}C_{st}^{\frac{\sigma_s-1}{\sigma_s}}=P_{st}^{1-\sigma_s}$$

所以：

$$P_{st}=\left(\alpha_h P_{ht}^{1-\sigma_s}C_t^{\varepsilon_h-1}+\alpha_l P_{lt}^{1-\sigma_s}C_t^{\varepsilon_l-1}\right)^{\frac{1}{1-\sigma_s}} \tag{A7.2}$$

这里 P_{st} 表示服务的平均价格指数。因此式（7.11）得证。

由式（A7.1）得 $P_{it}C_{it}=\alpha_i P_{st}^{\sigma_s}C_{st}C_t^{\varepsilon_i-1}P_{it}^{1-\sigma_s}$，又因为 $P_{ht}C_{ht}+P_{lt}C_{lt}=P_{st}C_{st}$，所以：

$$\frac{P_{it}C_{it}}{P_{ht}C_{ht}+P_{lt}C_{lt}}=\frac{P_{it}C_{it}}{P_{st}C_{st}}=\frac{\alpha_i P_{st}^{\sigma_s}C_{st}C_t^{\varepsilon_i-1}P_{it}^{1-\sigma_s}}{\alpha_h P_{st}^{\sigma_s}C_{st}C_t^{\varepsilon_h-1}P_{ht}^{1-\sigma_s}+\alpha_l P_{st}^{\sigma_s}C_{st}C_t^{\varepsilon_l-1}P_{lt}^{1-\sigma_s}}$$

$$=\frac{\alpha_i C_t^{\varepsilon_i-1}P_{it}^{1-\sigma_s}}{\alpha_h C_t^{\varepsilon_h-1}P_{ht}^{1-\sigma_s}+\alpha_l C_t^{\varepsilon_l-1}P_{lt}^{1-\sigma_s}}$$

结合式（A7.2）得到家庭对服务业消费的支出份额：

$$\frac{P_{it}C_{it}}{P_{st}C_{st}}=\frac{\alpha_i C_t^{\varepsilon_i-1}P_{it}^{1-\sigma_s}}{P_{st}^{1-\sigma_s}}=\frac{\alpha_i C_t^{\varepsilon_i-1}P_{it}^{1-\sigma_s}C_{st}^{1-\sigma_s}}{(P_{st}C_{st})^{1-\sigma_s}} \quad i=h,l \tag{A7.3}$$

同理，最小化家庭对产品和服务消费分配的支出，得到

$$\mathcal{L}=P_{st}C_{st}+P_{gt}C_{gt}-\lambda_t\left[\left(\alpha_g^{\frac{1}{\sigma_c}}C_t^{\frac{\varepsilon_g-1}{\sigma_c}}C_{gt}^{\frac{\sigma_c-1}{\sigma_c}}+\alpha_s^{\frac{1}{\sigma_c}}C_t^{\frac{\varepsilon_s-1}{\sigma_c}}C_{st}^{\frac{\sigma_c-1}{\sigma_c}}\right)^{\frac{\sigma_c}{\sigma_c-1}}-C_t\right]$$

可求解得到一阶条件：

$$\frac{C_{st}P_{st}}{C_{gt}P_{gt}}=\frac{\alpha_s}{\alpha_g}\left(\frac{P_{st}}{P_{gt}}\right)^{1-\sigma_c}C_t^{\varepsilon_s-\varepsilon_g} \tag{A7.4}$$

$$P_t=\left(\alpha_s P_{st}^{1-\sigma_c}C_t^{\varepsilon_s-1}+\alpha_g P_{gt}^{1-\sigma_c}C_t^{\varepsilon_g-1}\right)^{\frac{1}{1-\sigma_c}} \tag{A7.5}$$

$$\frac{P_{it}C_{it}}{P_tC_t}=\frac{\alpha_i C_t^{\varepsilon_i-\sigma_c}P_{it}^{1-\sigma_c}}{C_t^{1-\sigma_c}P_t^{1-\sigma_c}}\quad i=g,s \tag{A7.6}$$

以上分析得到的一阶条件和模型的资源约束条件构成量化分析的基础。

第八章
研究结论、政策建议与研究展望

　　中国从经济大国到经济强国的跨越离不开合理的产业结构支撑。虽然中国的产业结构在不断调整与升级，但还存在一些问题，其中，服务业"成本病"是一个"无法避免"的问题。本书从结构转型的角度对中国服务业"成本病"展开讨论，通过模型构建和量化分析研究中国服务业"成本病"的影响因素。

一、研究结论

改革开放以来，中国产业结构经历了巨大的变化，已经从初期的农业大国发展成为世界制造业强国，并逐渐成为以服务业为最大产业的国家。随着经济的发展和人民收入的提高，中国的经济正进入以服务业为主导的新格局。然而，学者们对服务业的扩张是否能促进经济增长持不同观点，其中需要重点关注的一个观点就是服务业"成本病"。本书立足于产业结构转型的变化特征研究中国服务业发展、服务业"成本病"及其对总体经济增长的影响，基于对服务业"成本病"的测算，从需求侧、供给侧和服务业内部结构三个角度对服务业"成本病"理论进行拓展，主要得到以下结论。

第一，本章从国内分析和国际对比两个角度研究中国服务业的发展特征。总体而言，中国结构转型的速度较快，服务业在不断扩张，不同时间段之间结构组成差异较大。中国不同地区的结构转型在变化方向上具有相似性，但是在结构变化的速度和发展的绝对程度上有所不同；其中，西部与中南地区的服务部门还有较大的发展空间。本书还按照就业结构变化的特征将42个国家（地区）分为三类：结构发达、结构发展中和结构欠发达国家（地区）；其中，中国属于结构发展中国家（地区）一类。与其他结构发展中国家（地区）相比，中国存在服务业发展滞后且服务业劳动生产率较低等问题。

第二，本书结合服务需求的收入弹性和价格弹性、服务业的份额和相对价格、服务业生产率及其增长率等因素的变化特点初步判断中国存在服务业"成本病"问题，并参考 Nordhaus（2002）、Duernecker 和 Herrendorf 等（2017）的方法计算劳动生产率增长率的结构效应和鲍莫尔效应，估算服务业"成本病"的大小。研究发现，在大部分年份中结构效应和鲍莫尔效应均为负值，即中国存在服务业"成本病"问题，且服务业"成本病"呈现波动中继续下降的趋势。例如，2011~2019 年的结构效应均值为−1.34%，说明由于结构的变化总体劳动生产率增长率下降了 1.34%。如果这一趋势持续，则中国未来服务业的扩张将给总体劳动生产率增长率带来更大的负面影响，并阻碍总体经济的增长。

第三，本书基于对非位似偏好的讨论，在两部门模型中引入三种不同的效用函数假设，讨论收入和价格变化对结构转型和服务业"成本病"的影响。结合相关数据和模型均衡条件计算得到需求收入弹性和替代弹性的大小，发现服务的需求收入弹性大于产品的需求收入弹性；虽然服务与产品间的替代弹性小于1，但这一值在逐渐增加。本书进一步量化分析价格效应和收入效应对服务业"成本病"的影响，并对比分析三种效用函数下有关结构转型主动力结论的区别，结果发现：在采用 PIGL 效用函数假设时，价格效应和收入效应对结构转型的影响力相似，其中价格效应的作用大一些；Stone-Geary 效用函数下，结构转型主要由价格的变化驱动；而非位似 CES 效用函数下结构转型更多地由收入的变化驱动。

第四，同时考虑劳动力和资本投入，讨论投资结构对中国服务业"成本病"的影响。假设产品部门和服务部门均可生产投资品，用投资结构、消费结构、增加值结构和就业结构共同度量中国的结构转型与服务业发展，并量化分析投资结构、投资率和投资生产中的产品和服务投入的替代弹性对服务业"成本病"的影响。研究发现，投资生产中产品和服务投入之间的替代弹性小于1，是互补品；但随着替代弹性的上升，最终投资品的生产会增加相对价格较低的产品的投入，减少相对价格较高的服务的投入；服务部门的投资份额会下降，服务业"成本病"对总体劳动生产率增长率的负向影响也更小。并且，在本书的分析框架下，提高投资率和产品部门的投资份额可以提高总体劳动生产率增长率，减弱服务业"成本病"。

第五，本书基于服务业内部细分行业的异质性将服务业分为两类：生产性服务业和生活性服务业，分析中国服务业内部结构变化对服务业"成本病"影响。研究发现，中国还处于服务经济时代的初期阶段；产品与服务之间是互补关系，产品是生活必需品，服务是奢侈品；生产性服务和生活性服务也是互补关系，生活性服务是生活必需品，生产性服务是奢侈品。量化分析结果显示，未来服务业及其内部的生产性服务业的支出份额会继续增加；通过对未来劳动生产率增长率的分解发现，未来鲍莫尔效应对总体劳动生产率增长率增长的负作用会更大，中国的服务业"成本病"会加重。

二、政策建议

本书分析了服务业"成本病"产生的原因、表现、特点、影响因素及对经济增长带来的影响。结合研究结论，本书尝试提出如下政策建议。

第一，促进劳动力自由流动。从生产效率角度来看，与产品部门相比，服务部门的劳动生产率及其增长率相对更低；中国不同部门间的发展不平衡问题较为严重。生产率平衡发展的关键在于生产要素的自由流动；由于户籍制度对教育、医疗和购房等的限制，中国劳动力自由流动的壁垒难以清除，农业的就业份额还处于较高水平。如果能进一步放开对劳动力转移的限制，继续释放农业的剩余劳动力，会对劳动生产率的平衡发展和经济增长带来积极影响。除此之外，由于行政监管和干预等因素，行业进入壁垒及行业垄断等问题也阻碍了要素的自由流动，需要进一步打破对劳动力进入相关市场的限制。

第二，优化投资结构。在服务业消费支出份额不断上升的背景下，保持制造业增加值份额基本稳定可从增加或稳住制造业的投资份额着手；与其关注于提高投资率，政府不如关注优化投资结构。当服务业投资份额增长幅度较大时，会加快服务业扩张的比例，加重服务业"成本病"；并且，制造业投资份额较低可能导致在经济增长动力不足等问题。同时，中国资本要素的配置也不均衡，这表现在两个方面：一是中小企业和私营企业面临融资难的问题，二是资本在国家间自由流动存在障碍。中国应深化投资体制改革，优化投资结构，促进资本的自由流动，激活市场经济活力。

第三，推动生产性服务业与高技术服务业的发展。服务业内部细分行业之间具有高度的异质性，技术最进步和最停滞的行业都属于服务业。生产性服务业主要为生产过程的各个阶段提供服务，并不用于最终消费，本质上属于中间投入。生产性服务业的发展可以促进工业技术进步，提高生产效率。目前中国生产性服务业日趋发展，但依旧还有很大的发展空间。应加快发展生产性服务业，推动生产性服务业的标准化、专业化和高端化；提高生产性服务业生产效率，以促进总体经济的增长。

三、研究展望

围绕服务业发展对经济增长的影响，本书基于服务业"成本病"理论较为系统地研究了中国服务业发展的特征、服务业"成本病"的测算，并从收入效应、投资结构和服务业内部结构变化三个角度分析了服务业"成本病"的影响因素。但是，还有一些因素也同样影响着结构转型和服务业"成本病"，囿于篇幅，本书没有基于它们展开讨论，可将其作为今后研究的重点。

第一，劳动力异质性对服务业"成本病"的影响。在创新活动处于产业发展关键环节的新时代，高技术的劳动力和创新人才对服务业生产率的提升具有重要作用，考虑服务业异质性时还可以关注的一点是劳动力异质性。Roy（1951）的工人自选择理论认为，工作者会选择一个他们具有最高相对劳动生产率的行业就职，发挥各自的比较优势；若相对比较优势与绝对优势一致，部门的平均劳动生产率会与就业份额成反比。在讨论部门间劳动力流动和劳动生产率差异时，如果能够将一个部门的劳动力组成按照高技术劳动力和低技术劳动力等方法进行分类，可以将就业结构描绘得更细致，丰富对劳动生产率差异的解释。

第二，创新对服务业"成本病"的影响。随着技术的更新，创新与结构转型的关系也不容忽视。在供给侧方面，本书研究了劳动生产率、全要素生产率和投入结构对服务业"成本病"的影响，但是没有涉及对生产中新技术的引进和创新的讨论。当今社会科技发展日新月异，互联网、人工智能、大数据等新技术层出不穷。在此背景下，很多产业发展面临着新的抉择，技术升级与转型是它们考虑的重要选项。技术的创新是影响产业间和部门间相对生产率及增长率差异的重要因素，进而会影响服务业"成本病"。在新的时代背景下，随着服务业生产技术的不断革新，Baumol（2012）认为，服务业"成本病"无法避免的观点或许不再成立。中国服务业快速发展阶段遇上了这一新背景，能否抓住这一机遇，将直接影响未来中国的服务业国际竞争力及经济增长质量。

第三，产业融合对服务业"成本病"的影响。随着时代的发展，产业结构变化不断呈现出新的特点，如产业融合。本书从结构转型的角度分析中国的服务业"成本病"，研究服务业发展对中国总体经济增长的影响；但是，本书没有涉及对部门间投入产出关系与产业融合的讨论。产业融合作为产业结构变化的新特点，突破了产业之间的壁垒与界限，赋予产业结构以新的研究内容。特别是随着信息产业的发展，形成了融合性的新产品、新服务、新市场，将重塑产品竞争力、重构产业关联与布局（周振华，2003）。在考虑产业融合的情况下，服务业扩张对经济的影响的分析将更加复杂（陈宪和殷凤等，2010），不仅要考虑服务业内部细分行业的异质性，也要考虑服务业与其他行业的融合。在此背景下，对服务业"成本病"的分析结论也可能有差异。如果服务业的细分行业中处于扩张趋势的都属于生产性服务业，则服务业的发展对制造业的支撑与带动作用会加强，对总体经济的促进作用会提高。劳动力异质性、创新和产业融合等对服务业"成本病"的影响将是笔者下一步研究的重要内容。

参考文献

［1］艾肯格林、铂金斯、申宽浩：《从奇迹到成熟：韩国转型经验》（中译本），人民出版社 2015 年版。

［2］白仲尧：《服务经济论》，东方出版社 1991 年版。

［3］蔡昉：《人口转变、人口红利与刘易斯转折点》，《经济研究》，2010 年第 4 期，第 4-13 页。

［4］蔡昉：《中国经济改革效应分析——劳动力重新配置的视角》，《经济研究》，2017 年第 7 期，第 4-17 页。

［5］陈宪、殷凤、程大中：《中国服务经济报告》，上海大学出版社 2010 年版。

［6］陈诗一：《中国的绿色工业革命：基于环境全要素生产率视角的解释（1980—2008）》，经济研究，2010 年第 11 期，第 21-34+58 页。

［7］程大中：《中国服务业增长的特点、原因及影响——鲍莫尔—富克斯假说及其经验研究》，《中国社会科学》，2004 年第 2 期，第 18-32 页。

［8］程大中：《中国生产性服务业的水平、结构及影响——基于投入—产出法的国际比较研究》，《经济研究》，2008 年第 1 期，第 77-88 页。

［9］程大中：《中国服务业存在"成本病"问题吗?》，《财贸经济》，2008 年第 12 期，第 109-115+141 页。

［10］盖庆恩、朱喜、史清华：《劳动力转移对中国农业生产的影响》，《经济学（季刊）》，2014 年第 3 期，第 1147-1170 页。

［11］干春晖、郑若谷：《改革开放以来产业结构演进与生产率增长研究——对中国 1978—2007 年"结构红利假说"的检验》，《中国工业经济》，2009 年第 2 期，第 55-65 页。

［12］干春晖、郑若谷、余典范：《中国产业结构变迁对经济增长和波动

的影响》，《经济研究》，2011 年第 5 期，第 4-16 页。

［13］干春晖、王强：《改革开放以来中国产业结构变迁：回顾与展望》，《经济与管理研究》，2018 年第 8 期，第 3-14 页。

［14］高涤陈、白景明：《服务经济学》，河南人民出版社 1990 年版。

［15］郭凯明、杭静、颜色：《中国改革开放以来产业结构转型的影响因素》，《经济研究》，2017 年第 3 期，第 32-46 页。

［16］郭凯明、余靖雯、吴泽雄：《投资、结构转型与劳动生产率增长》，《金融研究》，2018 年第 8 期，第 1-16 页。

［17］郭克莎：《中国：改革中的经济增长与结构变动》，上海人民出版社 1996 年版。

［18］郭庆旺、贾俊雪：《中国全要素生产率的估算：1979—2004》，《经济研究》，2005 年第 6 期，第 51-60 页。

［19］江小涓：《高度联通社会中的资源重组与服务业增长》，《经济研究》，2017 年第 3 期，第 6-19 页。

［20］江小涓、李辉：《服务业与中国经济：相关性和加快增长的潜力》，《经济研究》，2004 年第 1 期，第 4-15 页。

［21］克拉克：《经济进步的条件》，中国人民大学出版社 2020 年版。

［22］魁奈：《魁奈经济著作选集》，中译本，商务印书馆 1979 年版。

［23］李辉：《西方服务业生产率问题研究的新视角与启示》，载于江小涓编：《服务经济：理论演进与产业分析》（论文集），人民出版社 2014 年版，第 157-188 页。

［24］李平、付一夫、张艳芳：《生产性服务业能成为中国经济高质量增长新动能吗》，《中国工业经济》，2017 年第 12 期，第 5-21 页。

［25］李翔、刘刚、王蒙：《第三产业份额提升是结构红利还是成本病》，《统计研究》，2016 年第 7 期，第 46-54 页。

［26］林毅夫、蔡昉、李周：《中国的奇迹：发展战略与经济改革》，格致出版社 1999 年版。

［27］刘伟、李绍荣：《产业结构与经济增长》，《中国工业经济》，2002 年第 5 期，第 14-21 页。

［28］卢福财、秦川：《中国工业改革发展 30 年：1978—2008》，《当代

财经》，2008 年第 8 期，第 5-12 页。

[29] 倪红福、姚战琪、夏杰长：《中国正迎来"服务经济时代"吗?》，载于夏杰长等著：《中国现代服务业发展战略研究》，经济管理出版社 2019 年版。

[30] 庞瑞芝、邓忠奇：《服务业生产率真的低吗?》，《经济研究》，2014 年第 12 期，第 86-99 页。

[31] 庞瑞芝、李帅娜：《数字经济下的"服务业成本病"：中国的演绎逻辑》，《财贸研究》，2022 年第 1 期，第 1-13 页。

[32] 配第：《政治算术》，商务印书馆 2014 年版。

[33] 彭刚、李超：《生产率异质性，服务业"成本病"与经济增长》，《经济与管理研究》，2022 年第 1 期，第 39-58 页。

[34] 任泽平：《中国经济：新 5% 比旧 8% 好》，《中国经济周刊》，2017 年第 48 期，第 88-89 页。

[35] 萨伊：《政治经济学概论》，中译本，商务印书馆 1982 年版。

[36] 单豪杰：《中国资本存量 K 的再估算：1952—2006 年》，《数量经济技术经济研究》，2008 年第 10 期，第 18-32 页。

[37] 斯密：《国富论》，中译本，陕西人民出版社 2001 年版。

[38] 宋建、郑江淮：《产业结构、经济增长与服务业成本病——来自中国的经验证据》，《产业经济研究》，2017 年第 2 期，第 5-17 页。

[39] 田友春：《中国分行业资本存量估算：1990—2014 年》，《数量经济技术经济研究》，2016 年第 6 期，第 3-21 页。

[40] 陶永宽、葛伟民、陈家海、章秀文：《服务经济学》，上海社会科学院出版社 1988 年版。

[41] 王美霞：《中国生产性服务业细分行业全要素生产率异质性与影响因素研究》，《经济经纬》，2013 年第 3 期，第 75-79 页。

[42] 王强：《改革开放以来中国产业结构转型升级历程》，载于余典范编：《2018 中国产业发展报告——转型升级与未来趋势：改革开放 40 年中国产业发展》，上海人民出版社 2018 年版，第 9-10 页。

[43] 王恕立、胡宗彪：《中国服务业分行业生产率变迁及异质性考察》，《经济研究》，2012 年第 4 期，第 16-28 页。

［44］吴利学：《产业结构、生产率与经济增长》，《产业经济评论》，2021 年第 6 期，第 14-30 页。

［45］夏长杰：《中国现代服务业发展战略研究》，经济管理出版社 2019 年版。

［46］谢丹阳、周泽茜：《经济增长理论的变迁与未来：生产函数演变的视角》，《经济评论》，2019 年第 3 期，第 30-39 页。

［47］许宪春：《90 年代我国服务业发展相对滞后的原因分析》，《管理世界》，2000 年第 6 期，第 73-77 页。

［48］杨勇：《中国服务业全要素生产率再测算》，《世界经济》，2008 年第 10 期，第 46-55 页。

［49］颜色、郭凯明、杭静：《需求结构变迁、产业结构转型和生产率提高》，《经济研究》，2018 年第 12 期，第 83-96 页。

［50］易纲、樊纲、李岩：《关于中国经济增长与全要素生产率的理论思考》，《经济研究》，2003 年第 8 期，第 13-20 页。

［51］岳希明、张曙光：《我国服务业增加值的核算问题》，《经济研究》，2002 年第 12 期，第 51-59 页。

［52］张军、陈诗一、Gary H. J.：《结构改革与中国工业增长》，《经济研究》，2009 年第 7 期，第 4-20 页。

［53］周长军：《中国服务经济》，广西人民出版社 1990 年版。

［54］周振华：《产业融合：产业发展及经济增长的新动力》，《中国工业经济》，2003 年第 4 期，第 46-52 页。

［55］Acemoglu D. , Guerrieri V. , "Capital Deepening and Nonbalanced Economic Growth", *Journal of Political Economy*, Vol. 116, No. 3, 2008, pp. 467-498.

［56］Alder S. , Mueller A. , Boppart T. , "A Theory of Structural Change That Can Fit the Data", Meeting Papers, Society for Economic Dynamics, 2018.

［57］Baumol W. J. , Bowen W. G. , "On the Performing Arts：The Anatomy of Their Economic Problems", *The American Economic Review*, Vol. 55, No. 1/2, 1965, pp. 495-502.

［58］Baumol W. J. , "Macroeconomics of Unbalanced Growth：The Anatomy of the Urban Crisis", *The American Economic Review*, Vol. 57, No. 3, 1967, pp. 415–426.

[59] Baumol W. J., Blackman S. B., Wolff E. N., "Unbalanced Growth Revisited: Asymptotic Stagnancy and New Evidence", *The American Economic Review*, Vol. 75, No. 4, 1985, pp. 806–817.

[60] Baumol W. J., "What Cause Cost Disease, and Will It Presist?", In Baumol, W. J., (Eds.), The Cost Disease, Yale University press, 2012, 16–32.

[61] Bell D., *The Coming of the Post – Industrial Society*, Basic Books, 1974.

[62] Bertola G., Foellmi R., Zweimüller J., Income Distribution in Macroeconomic Models, Princeton University Press, 2014.

[63] Bonatti L., Felice G., "Endogenous Growth and Changing Sectoral Composition in Advanced Economies", *Structural Change and Economic Dynamics*, Vol. 19, No. 2, 2008, pp. 109–131.

[64] Boppart T., "Structural Change and the Kaldor Facts in a Growth Model with Relative Price Effects and Non–Gorman Preferences", *Econometrica*, Vol. 82, No. 6, 2014, pp. 2167–2196.

[65] Bryson J. R., Daniels P. W., *The Handbook of Service Industries*, 2007.

[66] Buera F. J., Kaboski J. P., "The Rise of the Service Economy", *The American Economic Review*, Vol. 102, No. 6, 2012, pp. 2540–2569.

[67] Buera F. J., Kaboski J. P., Rogerson R., "Skill Biased Structural Change", Working Papers, 2015.

[68] Caselli F., Coleman W. J. "The World Technology Frontier", Working Papers, 2000.

[69] Caselli F., Coleman W. J., "Cross – Country Technology Diffusion: The Case of Computers", *The American Economic Review*, Vol. 91, No. 2, 2001, pp. 328–335.

[70] Caselli F., "Accounting for Cross–Country Income Differences", in Aghion P., Durlauf S., (Eds.), Handbook of Economic Growth, 2005, Chap-

ter 9, 679-741.

[71] Chai A. , Moneta A. , "Back to Engel? Some Evidence for the Hierarchy of Needs", *Journal of Evolutionary Economics*, Vol. 22, No. 4, 2012, pp. 649-676.

[72] Cheng D. , Daniels P. W. , "What's so Special about China's Producer Services? an Input-Output Analysis", *China & World Economy*, Vol. 22, No. 1, 2014, pp. 103-120.

[73] Clark C. , The Conditions of Economic Progress, Macmillan, 1951.

[74] Comin D. , Lashkari D. , Mestieri M. , "Structural Change with Long-run Income and Price Effects", *Econometrica*, Vol. 89, No. 1, 2021, pp. 311-374.

[75] Daniels P. W. , "Producer Services Research in the United Kingdom", *Professional Geographer*, Vol. 47, No. 1, 1995, pp. 82-87.

[76] Dekle R. , Vandenbroucke G. , "A Quantitative Analysis of China's Structural Transformation", *Journal of Economic Dynamics & Control*, Vol. 36, No. 1, 2012, pp. 119-135.

[77] Delaunay J. C. , Gadrey J. , Heesterman A. R. G. , Services in Economic Thought, Kluwer Academic Publishers, 1992.

[78] Dennis B. N. , İşcan T. B. , "Engel versus Baumol: Accounting for Structural Change Using Two Centuries of U. S. Data", *Explorations in Economic History*, Vol. 46, No. 2, 2009, pp. 186-202.

[79] Duarte M. , Restuccia D. , "The Role of the Structural Transformation in Aggregate Productivity", *Quarterly Journal of Economics*, Vol. 125, No. 1, 2010, pp. 129-173.

[80] Duernecker G. , Herrendorf B. , Valentinyi Á. , "Structural Change within the Service Sector and the Future of Baumol Disease", Working Papers, 2017.

[81] Falkinger J. , "An Engelican Model of Growth and Innovation with Hierarchic Demand and Unequal Incomes", *Ricerche Economiche*, Vol. 48, No. 2, 1994, pp. 123-139.

[82] Fisher A. , "Clash of Progress and Security", *Economica*, Vol. 4, No. 13, 1935, pp. 99.

[83] Foellmi R. , Zweimüller J. , "Structural Change, Engel's Consumption Cycles and Kaldor's Facts of Economic Growth", *Journal of monetary Economics*, Vol. 55, No. 7, 2008, pp. 1317–1328.

[84] Fuchs V. R. , The Service Economy, National Bureau of Economic Research, 1968.

[85] Gollin D. , Parente S. , Rogerson R. , "The Role of Agriculture in Development", *American Economic Review*. Vol. 92, No. 2, 2002, pp. 160–164.

[86] Gollin D. , Parente S. , Rogerson R. , "Structural Transformation and Cross–Country Income Differences", Levine's Working Paper Archive, Vol. 8, No. 1, 2003, pp. 25–33.

[87] Gouyette C. , Perelman S. , "Productivity Convergence in OECD Service Industries", *Structure Change and Economic Dynamics*, Vol. 8, No. 3, 1997, pp. 279–295.

[88] Greenfield H. , Manpower and the Growth of Producer Services, Columbia University Press, 1966, pp. 53–58.

[89] Greenwood J. , Seshadri A. , "The U. S. Demographic Transition", *The American Economic Review*, Vol. 92, No. 2, 2002, pp. 153–159.

[90] Griliches Z. , "Introduction", In Griliches, Z. , (Eds.), Output Measurement in the Service Sectors, NBER Studies in Income and Wealth, Vol. 56, University of Chicago Press, 1992, pp. 1–22.

[91] Griliches Z. , "Productivity, R&D, and the Data Constraint", *The American Economic Review*, Vol. 84, No. 1, 1994, pp. 1–23.

[92] Haig B. , "An Analysis of Changes in the Distribution of Employment Between Manufacturing and Service Industries 1960—1970", *Review of Economics and Statistics*, Vol. 57, No. 1, 1975, pp. 35–42.

[93] Hall R. E. , Jones C. I. , "Why Do Some Countries Produce So Much More Output per Worker than Others?", *Quarterly Journal of Economics*, Vol. 114, No. 1, 1999, pp. 83–116.

［94］ Harrod R. F. , Denison E. F. , "Why Growth Rates Differ: Post-war Experience in Nine Western Countries", *Economica*, Vol. 20, No. 5, 1969, pp. 915-917.

［95］ Herrendorf B. , Fang L. , "High-Skilled Services and Development in China", Meeting Papers, Society for Economic Dynamics, 2019.

［96］ Herrendorf B. , Rogerson R. , Valentinyi Á. , "Two Perspectives on Preferences and Structural Transformation", *The American Economic Review*, Vol. 103, No. 7, 2013, pp. 2752-2789.

［97］ Herrendorf B. , Rogerson R. , Valentinyi Á. , "Growth and Structural Transformation", In Aghion, P. , Durlauf, S. , (Eds.), *Handbook of Economic Growth*, Chapter 6. North-Holland, 2014, pp. 855-941.

［98］ Herrendorf B. , Rogerson R. , Valentinyi Á. , "Structural Change in Investment and Consumption: A Unified Analysis", *Review of Economic Studies*. Vol. 10, 2020, pp. 1-37.

［99］ Hornstein A. , Krusell P. , "Can Technology Improvements Cause Productivity Slow downs?", In Bernanke B. S. , Rotemberg J. J. , (Eds.), *Nber Macroeconomics Annual* 11, MIT Press, 1996, pp. 209-276.

［100］ Hubbard R. K. B. , Nutter D. S. , "Service Sector Employment in Merseyside", *Geoforum*, Vol. 13, No 3, 1982, pp. 209-235.

［101］ Inman R. P. , *Managing the Service Economy*, Cambridge University Press, 1985.

［102］ Jack E. , Triplett J. E. , "The Solow Productivity Paradox: What do Computers do to Productivity?", *Canadian Journal of Economics*, Vol. 32, No. 2, 1999, pp. 309-334.

［103］ Johnston L. D. , "History Lessons: Understanding the Decline in Manufacturing", Working Papers, 2012.

［104］ Jorgenson D. W. , Griliches Z. , "The Explanation of Productivity Change", *Review of Economic Studies*, Vol. 37, No 7, 1967, pp. 349-383.

［105］ Kongsamut P. , Rebelo S. , Xie D. , "Beyond Balanced Growth", *Review of Economic Studies*, Vol. 68, No. 4, 2001, pp. 869-882.

［106］Krugman P. , "Myth of Asia's Miracle", *Foreign Affairs*, Vol. 73, No. 6, 1994, pp. 62-78.

［107］Kuznets S. , "The Structure of the American Economy, 1919—1929", *Journal of Economic History*, Vol. 1, No. 2, 1941, pp. 181-246.

［108］Kuznets S. , "Modern Economic Growth: Findings and Reflections", *The American Economic Review*, Vol. 63, No. 3, 1973, pp. 247-258.

［109］Lagakos D. , Waugh M. E. , "Selection, Agriculture, and Cross-Country Productivity Differences", *The American Economic Review*, Vol. 103, No. 2, 2013, pp. 948-980.

［110］Laitner J. , "Structural Change and Economic Growth", *Review of Economic Studies*, Vol. 67, No. 3, 2000, pp. 545-561.

［111］Last A. K. , Wetzel H. , "Baumol's Cost Disease, Efficiency, and Productivity in the Performing Arts: An Analysis of German Public Theatres", *Journal of cultural economics*, Vol. 35, No. 3, 2011, pp. 185-201.

［112］Leveson I. , "Services in the US Economy", In Inman, R. P. , (Eds.), Managing the Service Economy: Prospects and Problems, Cambridge University Press, 1985, pp. 89-104.

［113］Liao J. , Wang W. , "Intermediate Inputs and Cross-country Productivity Differences", *Economics Letters*, Vol. 176, No. 2019, pp. 3, 64-67.

［114］Neuss L. V. , "The Drivers of Structural Change", *Journal of Economic Surveys*, 2019, pp. 1-41.

［115］Ngai L. R. , Pissarides C. , "Structural Change in a Multisector Model of Growth", *The American Economic Review*, Vol. 97, No. 1, 2007, pp. 429-443.

［116］Nordhaus W. D. , "Productivity Growth and the New Economy", *Brookings Papers on Economic Activity*, Vol. 2002, No. 2, 2002, pp. 211-244.

［117］Nordhaus W. D. , "Baumol's Diseases: A Macroeconomic Perspective", *Berkeley Journal of Macroeconomics*, Vol. 8, No. 1, 2008, pp. 1-37.

［118］Oulton N. , "Must the Growth Rate Decline? Baumol's Unbalanced Growth Revisited", *Oxford Economic Papers*, Vol. 53, No. 4, 2001, pp.

605-627.

[119] Pasinetti L. , Structural Change and Economic Growth: A Theoretical Essay on the Dynamics of the Wealth of Nations, Cambridge University Press, 1981.

[120] Qin D. , "Is China's Growing Service Sector Leading to Cost Disease?", *Structural Change & Economic Dynamics*, Vol. 17, No. 3, 2006, pp. 267-287.

[121] Restuccia D. , Carlos U. , "Relative Prices and Investment Rates", *Journal of Monetary Economics*, Vol. 47, No. 1, 2001, pp. 93-121.

[122] Restuccia D. , Duarte M. , "Relative Prices and Sectoral Productivity", Meeting Papers, Society for Economic Dynamics, 2011.

[123] Rodrik D. , "Premature Deindustrialization", *Journal of Economic Growth*, Vol. 21, No. 1, 2015, pp. 1-33.

[124] Roy A. D. , "Some Thoughts on the Distribution of Earnings", *Oxford Economic Papers*, Vol. 3, No. 2, 1951, pp. 135-146.

[125] Sen K. , "Structural Transformation Around the World: Patterns and Drivers", *Asian development review*, Vol. 36, No. 2, 2009, pp. 1-31.

[126] Singelmann J. , From Agriculture to services: Transformation to Industrial Employment, Beverly Hills: Sage Publications, 1978.

[127] Solow R. M. , "A Contribution to the Theory of Economic Growth", *Quarterly Journal of Economics*, Vol. 70, No. 1, 1956, pp. 65-94.

[128] Song Z. , Kjetil S. , Fabrizio Z. , "Growing Like China", *The American Economic Review*, Vol. 101, No 1, 2011, pp. 196-233.

[129] Spann R. M. , "The Macroeconomics of Unbalanced Growth and the Expanding Public Sector: Some Simple Tests of a Model of Government Growth", *Journal of Public Economics*, Vol. 8, No. 3, 1977, pp. 397-404.

[130] Sposi M. , "Evolving Comparative Advantage, Sectoral Linkages, and Structural Change", *Journal of Monetary Economics*, Vol. 103, 2019, pp. 75-87.

[131] Summers R. , "Services in the International Economy", In Inman R. P. , (Eds.), Managing the Service Economy, Cambridge University Press,

1985, pp. 27-48.

[132] Święcki T., "Determinants of Structural Change", *Review of Economic Dynamics*, Vol. 24, 2017, pp. 95-131.

[133] Triplett J. E., Bosworth B. P., "Productivity Measurement Issues in Services Industries: Baumol's Disease Has Been Cured", *Economic Policy Review*, Vol. 9, 2003, pp. 23-33.

[134] Vries K. D., Vries G. D., Timmer M., "Patterns of Structural Change in Developing Countries", In J. Weiss & M. Tribe (Eds.), Routledge Handbook of Industry and Development, 2015, pp. 65-83.

[135] Wolff E. N., "Capital Formation and Productivity Convergence Over the Long Term", *The American Economic Review*, Vol. 81, No. 3, 1991, pp. 565-579.

[136] Yao W., Zhu X., "Structural Change and Aggregate Employment Fluctuations in China", *International Economic Review*, Vol. 62, No. 1, 2021, pp. 65-100.

[137] Young A., "Gold into Base Metals: Productivity Growth in the People's Republic of China during the Reform Period", *Journal of Political Economy*, Vol. 111, No. 6, 2003, pp. 1220-1261.

[138] Young A., "Structural Transformation, the Mismeasurement of Productivity Growth, and the Cost Disease of Services", *The American Economic Review*, Vol. 104, No. 11, 2014, pp. 3635-3667.

[139] Zhu X., "Understanding China's Growth: Past, Present, and Future", *Journal of Economic Perspectives*, Vol. 26, No. 4, 2012, pp. 103-124.